DUOYANGXING YU YUGUXUE
JIYU RENLEIXUE DE TANSUO

多样性与裕固学

基于人类学的探索

巴战龙 著

知识产权出版社

全国百佳图书出版单位

图书在版编目（CIP）数据

多样性与裕固学：基于人类学的探索 / 巴战龙著 . —北京：知识产权出版社，
2018.10
ISBN 978-7-5130-5635-9

Ⅰ . ①多… Ⅱ . ①巴… Ⅲ . ①裕固族 – 民族文化 – 研究 – 中国 Ⅳ . ① K283.5

中国版本图书馆 CIP 数据核字 (2018) 第 134288 号

内容提要

本书是第一本以裕固学为题的著作，收录了作者自 2005 年攻读博士学位以来的 13 篇文章和一则政策建议。本书共分三编："裕固学学科构建""裕固族文学、语言与文化"和"社区发展、地方知识与家乡人类学"，展示了作者以人类学为基本视角，对裕固学学科构建的学术想象和具体论证，以及在与人类学相关的若干主题上的研究成果。

责任编辑：王　辉　高　源　　　　**责任印制**：孙婷婷

多样性与裕固学——基于人类学的探索
巴战龙　著

出版发行：知识产权出版社有限责任公司	**网　址**：http：//www.ipph.cn		
电　话：010-82004826	http：//www.laichushu.com		
社　址：北京市海淀区气象路 50 号院	**邮　编**：100081		
责编电话：010-82000860 转 8701	**责编邮箱**：gaoyuan1@cnipr.com		
发行电话：010-82000860 转 8101	**发行传真**：010-82000893		
印　刷：北京中献拓方科技发展有限公司	**经　销**：各大网上书店、新华书店及相关专业书店		
开　本：880mm × 1230mm　1/32	**印　张**：7		
版　次：2018 年 10 月第 1 版	**印　次**：2018 年 10 月第 1 次印刷		
字　数：150 千字	**定　价**：32.00 元		
ISBN 978-7-5130-5635-9			

承先启后，守正创新

中央民族大学教授、博士生导师　钟进文

2014 年，裕固族青年学者巴战龙提议将"裕固族研究"升级为在"裕固学"的概念和框架下开展研究，当时学界给予了积极呼应，大家齐心协力召开若干次专题学术研讨会积极推进此项工作。转眼间，裕固学专题研讨会在北京、张掖、敦煌等地已召开五届，巴战龙在这一领域也撰写了若干篇富有学术启发意义的文章，令人钦佩！

我认为将某一"研究"升级为"学"，就需要叩问该学问的性质。毫无疑问，"裕固学"是关于"裕固"这一民族的学问，是我们力图通过对一个民族进行系统性、多层面、多角度研究进而确立的整体性框架。但是这样的研究又不止满足于研究对象本身，而是具有更广泛的跨民族、跨学科的辐射作用。换句话说，如果裕固学作为学科成立，其研究成果要有辐射其他民族或学科的价值和意义，要与其他民族或学科的研究成果互为文明。其学科发展的最终目标是文化共生、民族和谐、人类进步。

我曾撰文谈过自己研究裕固族的一些认识和体会，在此不妨再重述一些主要内容，以便帮助更多的人认识巴战龙提出的"裕固学"的整体框架。我认为，虽然今天裕固族是一个人口较少民族，而且是一个典型的内陆亚洲民族，但是它传承下来的语言、文学艺术、民族形成，以及当下彰显的心性史都具有跨民族、跨学科研究的价值和意义。

一

　　裕固族使用两种本族语言，而且每一种语言在同一语族中都具有特殊的意义和特别的价值。西部裕固语是一种百余年来引起国内外突厥学界极大兴趣的、仅存于我国的"古代突厥语"。早在1909年，苏联突厥学家马洛夫就在著名突厥学家拉德洛夫的指导下，受苏联科学院远东中亚研究委员会的派遣，赴裕固族地区对西部裕固语进行专门调查，他前后两次来裕固族地区，花费近一年的时间调查这种语言。

　　百余年来世界大多数顶尖突厥学家都涉足西部裕固语研究，而且对取得的研究成果给予高度评价。例如1979年，巴斯卡阔夫在阿拉木图召开的全苏联科学讨论会上指出："马洛夫关于罗布语和裕固语的研究工作是独一无二的，因为它们是当时未被科学界了解的，是对突厥语史研究具有极重要意义的语言的首次研究。特别令人感兴趣的是马洛夫那些将古代和现代语言做了大量比较的方言词典以及裕固语语法纲要。马洛夫关于裕固语动词变位系统和一些语法形式的分析，对突厥语动词系统做出了崭新的解释，并且使确定其他突厥语动词时间形式的意义成为可能。"[1]A. 谢列布连尼科夫和A.A. 切切诺夫认为："捷尼舍夫的《西部裕固语的语言结构》是关于很少为人所知还在逐渐消失的中国西部诸突厥语言和突厥民族的真正有价值的文献。"[2]原中国民族语言学会会长孙宏开在《20世纪中国民族语言学的回顾与展望》一文中认为，陈宗振先生对西部裕固语中的带擦元音的描写，揭示了该语言中存在的一些特殊语音现象，从而使学界对我国少数民族语言语音的描写更加广泛 [3]。这些研究成果都昭示着西部裕固语研究不仅是裕固族研究的组成部分，更重要的是对同语族和同学科的研究具有重要价值和意义。

同样，东部裕固语在同语族语言中也具有重要地位。苏联蒙古语言学家、卡尔梅克蒙古人托达耶娃和捷尼舍夫合著的《裕固语》一书于 1966 年在莫斯科出版，该书认为，东部裕固语是一种混杂的语言，使用东部裕固语的人在原来突厥语的基础上，在某个时候逐渐加上了一层蒙古语的两种不同语言成分。由此在蒙古语族语言中形成了一个新的语音和语法系统，代替了早期的一些突厥语的特点。这是一个长期的历史过程。有机地把蒙古语和其他蒙古语族的语言集于一身的一种新的语言结构，在数百年前就形成了，并且在今天还保存着，这证明了在蒙古语族语言中存在着一个独一无二的经历过伟大的历史生活的混合型语言 [4]。

二

从文化传承角度而言，在古代突厥人时代，裕固族的先祖就有了突厥文、回鹘文，而且拥有了像鄂尔浑—叶尼塞碑铭那样的史诗性书面文学作品和敦煌出土的颇具规模的佛经文学作品，对这些文献的研究是对世界突厥学的重大贡献。此外，今日依然流传民间的裕固族民歌也独具特色。有学者研究认为裕固族民歌格律，分别与古代文献记载的突厥语民歌、蒙古族民歌有许多共同之处 [5]，其中保留不少与《突厥语词典》中记载的四行一段押尾韵的民歌形式相一致的民歌[6]，有些英雄传说故事中还保留有我国北方游牧民族非常古老的母题。

民族音乐学家杜亚雄突出的成就之一就是对裕固族西部民歌进行长达 20 年搜集、整理和研究后，发现它和匈牙利古代民歌有许多共同之处，从而认为匈奴音乐文化正是匈牙利民间音乐的渊源之一。也就是说，杜亚雄利用裕固族民歌音律资料，从音乐学的角度，证明了历史学家所考证的从我国西迁的古代匈奴人到达了今天的欧洲，进而攻打罗马帝国，所向披靡，席卷了欧洲大部，最后在今天的匈牙利一带建立匈奴帝国确属信史。[7]

早在 1982 年，中国音乐学院学报《中国音乐》第 4 期发表了杜亚雄的一篇论文——《裕固族西部民歌与有关民族民歌之比较研究》，很快在国内外引起极大反响。匈牙利、美国、加拿大、阿根廷、日本等国的学者，或来信、撰文，或举办学术演讲，对他的论文加以评述和介绍。布达佩斯电视台还播放采访杜亚雄的电视录像，新华社也就这项研究成果做了专题报道。1984 年 4 月初，匈牙利《人民自由报》记者班奈迪·伊斯特万·高堡采访杜亚雄，当听到他搜集的裕固族西部民歌录音时，高堡不仅听懂了其中个别词句，而且还能说出这是一首什么歌。这使在场的人感到十分惊讶，连高堡自己也深感不解。这显然是因为裕固族西部民歌的语言、音阶、结构、乐句、节奏型等方面与匈牙利古代民歌有诸多相同之处，所以高堡才大致听懂了。杜亚雄也正因研究裕固族民歌而轰动世界音乐界。

三

我认为，研究裕固族内部社会结构也具有重要的"裕固学"价值和意义。裕固族曾长期保留古老的部落（又称"家"）组织，每个部落由若干户族（氏族）组成。20世纪50年代中国科学院社会历史调查资料报道裕固族共有10个部落29个氏族[①]。对此，巴战龙又提供了重要的补充调查资料。他认为，清康熙重置裕固族时把裕固族分为纳马之族和纳粮之族是一个重要的族群政策。纳马之族分为7族，纳粮之族主要是临城8族。到清末民初，裕固族社会进一步凋敝，各种力量搅和其中，纳马之族才分为10族。如果只把7族和10族当成裕固族，那么黄泥堡、铧尖、丁家坝、下黄泥堡一带的裕固族就会被排除在外。其实当时互动非常频繁。此外，裕固族作家铁穆尔调查发现的氏族也比20世纪50年代学者调查的数量要多。

裕固族每个户族的名称又起着"姓"的作用，现在裕固族通行的单字汉姓，都是由本民族户族名称音译或意译而来的。裕固族户族名称多种多样，这种多种多样的户族来源说明裕固族内部蕴含着丰富的多元文化。

近几年我尝试对裕固族几个户族名称进行了一些研究，从中可以看出裕固族内部有着非常丰富的文化多样性，我认为这不仅能丰富和激活裕固族文化，而且能与历史和当今其他民族的文化互为映

[①] 关于裕固族部落的数量和划分问题，巴战龙曾质疑传统观点并专信提供了他的观点和资料，在此深表感谢！而且我也认为此信息非常重要，对下一步深入研究裕固族部落结构及内部文化多样性具有重要意义。此处所说10个部落29个氏族，只能说是早期社会历史调查结果，特此说明。

衬，也对其他已经消亡的历史族群是一种很好的补充研究。尤其近期研读日本学者小谷仲男《大月氏：寻找中亚谜一样的民族》、藤善真澄《安禄山：皇帝宝座的觊觎者》等著作，深感历史和现实是一脉相承的。在此举例如下。

案例一 俊鄂勒（或钟鄂勒）是裕固族户族之一，也是今日钟姓户族的裕固语音译。梳理有关钟姓户族的前人研究以及笔者的相关研究，发现今日裕固族的钟姓户族可能不是直接来自今日裕固族族源——"黄头回纥"或"撒里畏兀儿"，而是来自与之毗邻的一个部族。这个部族就是历史上的"仲云"部落。"仲云"存在于五代宋辽时期，是小月氏遗部。回鹘西迁后，仲云国占据了鄯善、若羌故地，北宋末年销声匿迹。[8]

案例二 吴姓户族分布在操蒙古语族语言的裕固族当中，自称"巴岳特"（bajad）。据笔者初步研究，今日裕固族中的"巴岳特"与历史上的一个重要氏族——伯岳吾氏（蒙古语读作 bayăd 或 bayid）密切相关。元史专家刘迎胜在其专著《西北民族史察合台汗国史研究》中认为，伯岳吾氏是一个引起许多元史研究者注意的氏族，因为它不仅是蒙古部落的一个分支，还见于康里、Yemek 部和钦察人中。伯岳吾氏散见于各族，就像今天在哈萨克族和柯尔克孜族人中都可以发现乃蛮部一样，是研究文献所失载的蒙古、达旦部落迁移、分化历史的绝好材料。[9]

案例三： 巩鄂拉特（Goŋərat）是今日裕固族郭姓户族自称，郭姓户族是裕固族部落中分布较为广泛的一个户族。这个名称和历史上的一个游牧部落的名称非常相近，这个部落就是"弘吉剌"部。"弘吉剌"部是12世纪前后蒙古高原上的一个游牧大部落。"弘吉剌"部不仅世代与黄金氏族通婚联姻，而且这种姻亲关系延伸到西北各地和其他民族当中。今日裕固族中的郭姓户族——巩鄂拉特，应该说就是蒙古族历史上的族外婚制度和自元以来形成的宗王出镇制度的产物。[10]

四

"'历史心性'是指在特定社会文化情境下，人类更基本的对族群'起源'（历史）之思考与建构模式。……一种结构性社会情境，产生特有的、可支持此社会情境的历史心性。然而历史心性本身只是一种'心性'，一种文化倾向；它只有寄托于文本，或某种文类中的文本，才能在流动的社会记忆中展示自己。"[11]近几年我一直在关注裕固族地方政府和文化精英联手打造展演的诸多文化产品，我认为这是一种新文本的体现，其中无不透射着"心性史"的力量。这种"心性史"将熟悉陌生化，将日常神秘化，将脆弱强盛化。

案例一　为庆祝肃南裕固族自治县成立55周年，县民族歌舞团经过两年创编、排练，完成大型裕固族音舞诗画为一体的歌舞剧——《天籁·裕固》。其中第二幕《梦萦西至哈志》，以《迎亲舞》《马鞭舞》等大帐宴乐组舞为表现形式，再现回鹘王子迎娶大唐公主的盛大婚典，在风情浓郁的传统婚礼上，欢快热烈的龟兹舞和激情飞扬的天鹅琴弹唱，把如梦如幻的西至哈志推向高潮。[12]

案例二 肃南县文物局完成尧熬尔 ① 牙帐复原布置工作：随着裕固县旅游业的不断发展，民族传统文化在旅游业中的作用越来越凸显。肃南县为打造"裕固族传统文化长廊"，决定在康乐草原修建裕固族部落，把传统的裕固族黑帐篷和尧熬尔牙帐都扎起来，为此还成立了以县文物局局长为小组长的牙帐复原布置小组，对裕固族传统牙帐进行复原。牙帐是古代北方游牧民族对可汗居住帐幕的俗称，是可汗或王族日常起居的庭帐，有着悠久的历史，具有浓厚古朴气息和神秘色彩。[13]

案例三 "中华裕固风情走廊"旅游景区项目以康乐特色旅游集镇为起点，沿榆康公路至肃南县城，全长近84公里。2013年年底被评为国家AAAA级旅游景区。景区将丁零、回纥等裕固族先民悠久的历史文化元素镶嵌于自然风光线上，形成以康乐、白银旅游文化特色集镇景观为主的裕固印象片区，以万佛峡、高车穹庐等景观为主的裕固历史片区，以赛罕塔拉、裕固王府、回鹘牧歌、东迁史纪碑等景观为主的裕固风情片区[14]。

案例四 2014年10月13日至20日，肃南裕固族自治县民族歌舞团出访韩国，参加"首尔·中国日"文化交流演出，这是肃南文艺团体首次出访韩国并演出，揭开了裕固族赴外文化交流活动的崭新一页。居住在祁连山北麓的裕固族，是古代匈奴和回纥的后裔，是甘肃独有的少数民族。悠久的民族历史和丰富的民族文化形成了他们独特的民族风情。[15]

---

① 此处原文为"尧敖尔"。多位学者已指出目前社会各界对裕固族本族语言中自称汉语音译的写法非常混乱，今后应统一写为"尧乎尔"或"尧熬尔"，笔者也认为统一写法实属必要，故此处在不影响原意的情况下改为"尧熬尔"。

上述案例中有诸多关键词句，如"《梦萦西至哈志》——回鹘王子迎娶大唐公主的盛大婚典""尧熬尔牙帐复原布置工作""丁零、回纥""高车穹庐""祁连山北麓的裕固族，是古代匈奴和回纥的后裔"等。也许在一般人眼里这些都是"附庸风雅"，故作神秘，或"拉郎配"盲目攀附历史英雄（过去笔者也持这种观点）。但是现在我认为，这是一群希望有共同之过去、现在与未来信念的人群的"集体突围"，我们不能不关心他们目前在整体社会族群关系中的处境。正如巴战龙所说，小民族也期待拥有"大志向、好生活"。

我认为，"心性史"的出现使现实族群和历史族群的关系成为可能，"古为今用"变成现实，这为"裕固学"带来了无限的学术空间。这样"裕固学"面对的不再是那段有记忆可循的"信史"中的裕固族，而是面对一个民族形成、发展以及未来指向的创造者的研究，这样的使命我认为在以前的裕固族研究框架下是完成不了的。

五

和上述个人认识相比，我认为巴战龙视野更开阔，问题意识更强烈。他善良、睿智、勤奋，是裕固族难得的后起之秀。虽然他很谦虚地说"现在是对自己所'参与观察'的裕固族研究的开拓、深化和创新谈谈个人意见和建议的时候了"，其实我认为，巴战龙从最初涉足裕固族研究开始就有一种自觉或不自觉的"裕固学"意识了。

法国著名文学批评家、历史学家泰纳在论文学的种族要素时，认为人种天生遗传的一些特殊倾向，经历几个世纪之后，受气候、文明、命运的影响，会出现印记般的共同特征，共同生活的经验、思想、情感、意志、愿望的表达，与其共同的历史记忆，会形成利害一致的民族特性。

纵观巴战龙的这部文集，他从最初发表的文章开始，就一直秉持人类学的视野和方法，其内容不仅涉及裕固族文学、语言和文化，而且还涉足地方知识和乡土观念，而这些研究又不完全针对相关学科问题本身，而是有一共同指向——"社区发展"，进而面向人类共同发展。如果用一句当下时髦的话概括，他关注的是"人类命运共同体"的发展。这样的大视野正是"裕固学"所努力追求和期待的。

六

在《动情的观察者与历史感的抒写——对铁穆尔文集〈苍天的耳语〉的人类学阐释》一文中，巴战龙认为，"一是铁穆尔出生和成长于一个典型的多元文化家庭，家庭成员的轶事、经历和擅长给他的写作提供了丰厚的资源和养料，加之他后来的学习、工作和生活经验，使他最终摆脱了从单一文化视角观察、学习和写作的沉疴痼疾，达到紧随时代、贴近生活、开阔宽厚和古今通达的写作新境界；二是他在生活和写作中，常常在多种身份中变换，他从未将自己禁锢于某种单一身份之中，这使他获得了众多从多元文化视角观察、学习和写作的绝佳机会。无论是血缘维度的'族群融合'，还是业缘维度的'身份变换'，都说明铁穆尔的身份具有典型的模糊性特征，无法用整齐划一的族群归属和刻板固化的职业身份来框定"。身份的模糊性一定会导致立场的模糊性吗？从他的作品中，笔者发现答案是否定的。

"铁穆尔是当代文坛屈指可数的对尧熬尔族群、内陆亚洲历史和欧亚草原文化的'动情的观察者'。""一般来说，在当下全球化时代里'小民族'传统文化走向消亡的群体内部原因，常常可归结于文化失落导致身份焦虑，身份焦虑导致视野窄化，视野窄化进一步导致文化失落，如此循环往复，可谓命不久矣。铁穆尔的独特之处，就是他的视野不是不断'向内转'，而是不断'向外转'，他是一位从尧熬尔族群来观照和理解人类整体的作家。""铁穆尔的实践与作品的意义是跨文化、跨族群和跨学科的。"

在《裕固族神话〈莫拉〉的灾害人类学阐释》一文中，巴战龙"响应历史人类学家王明珂的号召，发掘神话《莫拉》那些未被前辈学者察觉的思想和意义，进而确认包括神话研究在内的当代社会科学和人文学科研究更重要的是去生产反思性知识而不是寻求客观规律，是追求多重意义的阐释而不是因果关系的解释。广而言之，学术研究的直接目的是生产知识，但是终极目的却是形塑美好生活"。

在《作为应对人口老龄化问题之文化资源的非正式制度——裕固族敬老习俗的社会人类学初步研究》一文中，巴战龙认为，"无数实践证明，正式制度不是万能的，非正式制度也不是无能的，相反，正式制度和非正式制度之间常常是相互依存、相辅相成的关系。虽然敬老习俗是裕固人'小型社会'中的民俗教化系统组成部分之一，且相对于现代的学校教育和现代法律等制度而言，是'非正式制度'，然而直到现代化运动如火如荼的今天，敬老习俗仍然在传承绵延，发挥着不可替代的功能。所以，在新的历史条件下和和谐社会建构过程中，为了迎接'老龄社会'的挑战和实现社会主义新农村建设目标，应该充分重视和发挥敬老习俗等非正式制度的价值和作用"。

在《百年明花研究的回顾与评论——一个裕固族乡村社区的学术史》一文中，他通过八个方面的分类综述后认为，"从研究主题上看，注重研究自然生态和社会文化的某一个方面、某一种现象的分割式研究较多，而坚持社会文化的'整体观'的综合性研究较少"。他认为，"明花作为一个'小社区'，从没有脱离跟'大社会'的联系，其经济社会与文化教育在持续发生变化，显示出了与时代脉动紧密相连的状态和趋势"。"百年来，明花的社会文化发生了巨大的变迁，恰为观察和探究作为人口较少民族的裕固族之乡村社区在中国现代性历程中的遭遇与角色提供了极富价值的个案。"

以上论述涉及了裕固族共同生活的经验、思想、情感、意志、愿望等人类学特别关注的各个方面的内容，可以说是名副其实的"裕固学"研究。

七

"裕固学"这一术语是巴战龙首次提出的，为此他还用非常有限的课题经费于2014年11月举办了第一届裕固学研讨会。他认为，构建裕固学的根本动因，就是要让裕固族重新拥有其文化传承、创新与整合的"自主性"。由此可见，对裕固族来说，会议不仅仅是会议，它也是文化传承的重要场域，甚至是文化传承的意见高地。

通过裕固学研讨会，裕固人有了一块讨论文化的公共阵地，树立了文化传承方面的学术带头人，此外，会议本身也成为文化遗产的一个另类展台。

有学者在《少数民族文化遗产活态传承场域再建——裕固族个案》一文中对此做了很好的梳理和总结：从 2014 年至今，裕固学研讨会已先后举办了五届，会议主题分别为"历史、文化与认同""多样性与裕固族""视野·理论·方法""裕固与敦煌"和"陈宗振先生学术思想研讨会"。会议举办地点分别为中央民族大学、河西学院、敦煌研究院。举办"裕固学研讨会"，提升了裕固族研究的地位，有利于汇集起一批研究裕固族的学人，在这个学术场域中探讨裕固族民族文化的众多议题，并凝练总结出裕固族的核心文化遗产。从每次会议讨论的话题、论文题目而言，裕固族传统文化的有关议题一直得到与会者的广泛关注。无论是裕固族的语言、宗教、文学、绘画艺术、民歌、教育，还是与裕固族紧密相关的"一带一路"、河西走廊、敦煌石窟，与会者们围绕着这些民族文化议题，从各自的学科和关注点进行了丰富的研究和探索。从学术层面来讲，裕固族的历史与文化在这个场域得到了有效传承。[16]

从会议参与面来看，参会人数一届比一届多，且参会人员越来越多元化。比如第二届裕固学研讨会有 30 多位与会者，第四届已有 120 余人。参与会议的人员也不仅限于裕固族，其他相关研究的其他民族均有参加，会议研讨从少数民族语言学科、人类学、民族学、社会学等相关学科也渐走向更多元的学科，比如新闻传播学、考古学等。参与人员的工作单位以高校和研究所为主，不仅包括国内高校和研究机构，也有国外高校和研究所人员参加。此外，甘肃省肃南裕固族自治县每届都派出了地方政府官员参会，非常重视会议的召开。除此之外，其他对会议感兴趣的裕固族人也自愿踊跃参加。参与人员的年龄从 80 岁高龄老人到 20 岁出头的大学生都有，裕固学鼓励裕固族年轻人踊跃参与会议。

为了给裕固学增加后劲，研讨会在努力寻求和巩固裕固学在学术中的位置。敦煌学已成为一门显学，而裕固族先民正是活跃在敦煌一带，是敦煌学的活态资料；以杨富学、钟进文为代表的学者们试图将裕固族历史文化放诸敦煌学显学当中，在敦煌学中寻找裕固学的学术阵地，并为此与敦煌研究院联合主办了"裕固与敦煌学术研讨会暨第四届裕固学研讨会"。正如回鹘学家杨富学所总结的："裕固族的形成历史与文化发展一直与以敦煌为中心的河西走廊西端保持着千丝万缕的联系，它未尝脱离这一地缘关系与历史文化背景。对裕固族历史文化的研究，不唯维吾尔学、蒙古学、元史学所不可或缺，更是敦煌学领域亟须开展的研究对象。""裕固学研究对于进一步充实敦煌学，推动敦煌研究之纵深发展方面具有极其重要的价值与意义；敦煌学已成为国际显学，裕固学纳入其中，有利于裕固学尽早与国际学术接轨，驶入学术发展的快车道。"[17]

"通过五届的裕固学研讨会，裕固族可谓树立了文化传承方面的带头人。这些带头人，原本就是裕固族的知识精英，在族内具有较高的声望。所以，无论是筹备会议、创建'东迁节'，还是有关裕固族文化和生态方面的大事小情，当地政府和民众都很尊重他们的意见。"同时，"也因裕固学研讨会的召开，一些长期关注裕固族的其他民族学者也获得了大家认可，成为文化传承方面被大家尊重的带头人"。[6]

八

除了创建学术会议阵地、树立意见领袖之外，巴战龙在步入裕固族研究学术阵地初期就对裕固族研究先辈进行了系列访谈，建立博客定期发布裕固学研究最新成果，其中形成文字内容并发表的有"裕固族文化精英书面访谈系列""裕固学学科建设笔谈系列"等。这些访谈研究是对前辈学者学术的一种自觉继承和发扬光大。2012年他应邀主持《河西学院学报》"裕固族研究"专栏，"期望这些成果不仅能促进分支领域的持续发展，而且能不断推进学术创新和知识整合，使'裕固族研究'（Yugur studies）在不久的将来能真正发展成为一门新兴学科——'裕固学'（Yugurology）"。

与此同时，巴战龙又身体力行培育和启迪青年一代。他与裕固族学者阿尔斯兰共同创建了裕固学 QQ 群和微信群，为裕固学专家、学者提供了分享研究资料和研究心得、相互交流沟通和切磋砥砺的学术平台。一批热心裕固族文化的青年学子也在这一学术平台上分享自己的所思所想，释放自己的民族之情、民族之忧、民族之自豪，逐步涌现出民族文化的自觉意识。

通过上述梳理，我们可清晰地感受到，年轻有为的巴战龙已置身裕固族文化史上一个重要节点。这不仅仅是一个学术创新和资源整合的节点，而是在裕固族学术史上具有承先启后、继往开来的意义。抑或说"承前草创，启后规模，此之功德，垂之永久"。

　　裕固族作家铁穆尔在《绍尔塔拉的启示》中说，"绍尔塔拉是尧熬尔人的又一个边缘群体，是边缘的边缘。祁连山草地边缘的绍尔塔拉是一个缩影、一个预言抑或一个启示"。青年才俊巴战龙正是来自这片绍尔塔拉（即盐碱草地）。虽然来自"边缘之边缘"，但是他没有自我边缘化，他的一切努力就是如何让裕固族打破"边缘和非边缘""中心和非中心"之界限，自觉、主动融入人类命运共同体发展大潮中。为此，他恪守着裕固人执着、朴实、动情、乐观的美德，努力摈弃由于人口少、历史碎片化、文化身份模糊等而涌现的随性和虚无。在裕固学研究的领地里，他既仰望星空又脚踏实地，一步一个脚印，艰辛努力。在此，真诚希望通过本书的出版，巴战龙能够将裕固学引领到一个新的研究高地和学术境界。是为序。

2018 年 4 月 6 日

于中央民族大学

参考文献：

[1] 巴斯卡阔夫 . 苏联维吾尔学发展的重要阶段 [C]// 中国社会科学院民族研究所语言研究室，陈宗振，译 . 阿尔泰语文学论文选译 .1980：86-97.

[2] A. 谢列布连尼科夫，A.A. 切切诺夫 . 捷尼舍夫 [J] . 陈宗振，译 . 突厥语研究通讯，1983（10）.

[3] 孙宏开 . 20 世纪中国民族语言学的回顾与展望 [J]. 中国民族语言学会通讯，1998（3）.

[4] 钟进文 . 国内外东部裕固语研究对比分析 [N]. 中国社会科学报，2014-09-19.

[5] 杜亚雄 . 中国少数民族音乐 [M]. 北京：中国文联出版社，1986：81.

[6] 陈宗振，雷选春. 裕固族民歌格律 [M]// 中央民族学院少数民族文学艺术研究所文学研究室. 少数民族诗歌格律. 拉萨：西藏人民出版社，1986.

[7] 夏麦陵. 踏着裕固族西部民歌的旋律 [J]. 传记文学，2004（8）.

[8] 钟进文. 裕固族钟姓户族——"俊鄂勒"来源考 [J]. 河西学院学报，2013（3）.

[9] 钟进文. 裕固族吴姓、白姓户族——"巴岳特"初探 [Z]. 未刊稿.

[10] 钟进文. 裕固族郭姓户族——"巩鄂拉特"初探 [Z]. 未刊稿.

[11] 王明珂. 英雄祖先与弟兄民族 [M]. 北京：中华书局，2009：235-237.

[12] 张俊德，周学明. 精美绝伦的裕固族史诗——观大型裕固族音·舞·诗·画《天籁·裕固》[EB/OL].（2009-09-03）[2018-04-06] 每日甘肃，http：//www.gansudaily.com.cn/.

[13] 肃南县文物局完成尧熬尔牙帐复原布置工作 [EB/OL].[2018-04-06] 中华裕固风情走廊，http：//www.ygfqzl.com/.

[14] 中华裕固风情走廊景区简介 [EB/OL].（2014-02-18）[2018-04-06] 中国·肃南裕固族自治县政府门户网站，http：//www.gssn.gov.cn/.

[15] 甘肃肃南裕固族文艺代表团将首次赴韩国演出 [EB/OL].（2014-10-11）[2018-04-06] 中国新闻网，http：//www.chinanews.com/.

[16] 范小青. 少数民族文化遗产活态传承场域再建：裕固族个案 [Z]. 未刊稿.

[17] 杨富学. 裕固族对敦煌文化的贡献 [J]. 河西学院学报，2017（4）.

目　录

第一编

裕固学学科构建

关于构建裕固学的几点思考 *

　　笔者自 1996 年在裕固族学者钟进文的悉心指导下从事裕固族研究起，至今已有 18 年（此文写作时间为 2014 年）。18 年，仿若一个呱呱坠地的孩子已到举行成年仪式的时间了，学海无涯，但人生有限，笔者深切感到现在是时候对自己所"参与观察"的裕固族研究的开拓、深化和创新谈谈个人意见和建议了。

　　如果从俄国生物学家波塔宁（1835—1920）于 1886 年到达尧乎尔（裕固族自称的汉语译音）地区并留下了部落社会和族群语言的朴素记述算起，至今现代意义上的裕固族研究已经走过了 130 多年的历史，其已经发展成为一个综合性的学术领域，并取得了一系列的研究成果。基于进入 21 世纪以来所取得的系列成就和面临的诸多挑战，现在已经到了把"裕固族研究"推进到一个新的发展阶段，即提升到"裕固学"这一新的学术境界的时候了。

一、裕固学名称和构想的由来

　　据笔者的有限所知，构建裕固学的想法最早是裕固族研究专家多红斌提出来的。当时他担任甘肃省张掖地区文联主办的文艺刊物

　　* 甘肃省张掖市社科联主席多红斌和中央民族大学文学与新闻传播学院院长钟进文在本书写作过程中帮助查找了部分资料，谨致谢意！原载《河西学院学报》，2014 年第 6 期，第 22–26 页，收入本书时有改动。

《甘泉》（内部刊印）的主编，该杂志 1997 年第 1 期的"新人新作"栏目刊出了四位裕固族文学爱好者的诗歌作品，他在"编者手记"中写道：

> 裕固族是一个古老而又神秘的民族，仅一个东迁入关前的聚居地"西至哈至"就使史家绞尽脑汁，至今莫知所指。正因为如此，我常想，也许有一天，一门新兴学科"裕固族学"将会应运而生。为了这一天的到来，需要我们做大量的工作。让我们为此而努力吧。[1]

为了落实他提出的为构建"裕固族学"而努力的倡议和设想，同年《甘泉》杂志的第 2—3 期合刊中推出了"裕固文化"专栏，刊出了裕固族研究专家钟进文和田自成的研究文章。《甘泉》杂志及其"裕固文化"专栏得到了裕固族地区社会各界的一致认可，在助推裕固族文化发展上扮演了重要角色，成为包括笔者在内的一批裕固族学术和文艺人才成长的摇篮。

2000 年 5 月 30 日，笔者致信多红斌谈论关于办好"裕固文化"专栏的设想（考虑到学术界的规范，笔者把"裕固族学"的"族"字去掉，称为"裕固学"，因为突厥学、回鹘学、蒙古学、藏学、苗学、瑶学、壮学、彝学、纳西学等术语中均未见"族"字）。

我写这封信，是关于"裕固文化"专栏的几点设想，想与您交流一下。"裕固文化"专栏办得很有特色，一方面有利于地区文艺繁荣和民族团结，另一方面也是对裕固文化和所有为此做出过贡献和努力的人们的肯定。1949 年后的裕固族研究和新时期以来的裕固族文学都取得了一定的成就，很有必要总结经验，以便更好地开拓未来。据我所知，先生和贵刊是第一个提出建立"裕固学"的人物和刊物。这个设想真正启发了我们裕固人。我与我的老师钟进文曾多次商讨此事，为此，我们准备整理裕固族研究的已有成果。我们几个裕固族人已编辑了大型学术图书《中国裕固族研究集成》，由民族出版社录入排版，年内出版。原计划还要出版《国外裕固族研究集成》，由于翻译问题和我离京赴新疆工作，此事的进展还不太清楚。

因此，为了建立一门新兴的学问——裕固学我建议做三件事：

第一，"裕固文化"专栏办一个"21 世纪裕固族研究"笔谈系列；

第二，"裕固文化"专栏办一个"21 世纪裕固族文学"笔谈系列；

第三，以《甘泉》为轴心，筹建裕固族研究会。

我们可以请从事学术研究和文学创作的人谈一谈已有的成果和对未来的展望。

这只是几点设想，不知妥否，如有不当，敬请原谅和批评指正。如果先生和贵刊有此意，我愿意为促成此事而做些事。[2]

多红斌给这封信取名《高天飞鸿》发表在《甘泉》杂志 2000 年第 3—4 期合刊上，在信末附上"主编絮语"，谈道：

裕固族是中华民族大花园里俏丽的一朵鲜花，她盛开在张掖地区肃南县。对张掖、肃南而言，天时地利尽占，裕固族研究我们该为、必为，不为、小为，何颜面对历史？何颜面对父老？热望有志于裕固族研究的专家学者不吝赐教，浇水施肥，共同培育"裕固文化"这朵透出些许生机的稚嫩之花！

巴战龙的第一、二条建议可即办，关于第三条建议容遵计缓行，因为这是实实在在的一件大事，似宜待机而为之。[3]

进入 21 世纪，万象更新，裕固族研究和裕固族文学的发展均取得了突破性的进展，其中里程碑式的事件有：2002 年，肃南裕固族自治县文联创办了文艺杂志《牧笛》（内部刊印）；2003 年，肃南裕固族自治县临时组建了"裕固族文化研究室"，该研究室于 2004 年创办了学术刊物《尧熬尔文化》（内部刊印），2005 年该研究正式成立；2010 年，肃南裕固族自治县宣传部和中央民族大学少数民族语言文学系联合主办了"魅力肃南·裕固文学：中国裕固族文学创作与研究论坛"；2012 年，肃南裕固族自治县成立"裕固族研究学会"，同时由自治县人民政府与中央民族大学少数民族文学研究中心、河西学院联合召开了"裕固族文化发展学术研讨会"；2012 年，国内外公开发行的学术刊物《河西学院学报》创办了"裕固族研究"专栏；2014 年，肃南裕固族自治县裕固族研究学会和教育体育局联合主办了"裕固族教育研究所成立大会暨裕固族现代教育创办者——七世顾嘉堪布教育思想研讨会"。

2012 年，裕固族研究专家韩杰撰文谈道：

近年来，裕固族研究不仅在国内取得了一定的成就，而且在国外也产生了一定的影响，在民族学、人类学、民俗学和文学领域，涉及裕固族研究的成果占有相当的比重，这足以说明裕固族研究已受到学界的广泛关注。尽管裕固族研究还达不到一种"裕固学"的程度，但也可以算作一门"显学"。[4]

作为回应，笔者2013年特地在应邀主持的《河西学院学报》"裕固族研究"专栏撰写了"主持人语"：

严格意义上的裕固族研究发端于19世纪末期，至今已有100余年曲折发展的历史。学术研究虽有自身的习性和特点，但总体上受制于时代条件。随着中国实行改革开放，裕固族研究也随之发生了三个重要变化：一是古今中外相关研究文献资料的发掘与梳理工作和裕固族及其周边地区相关田野调查工作同步展开，"国家民委民族问题五种丛书"的裕固族部分相继出版，为新时期裕固族研究奠定了坚实基础；二是一批裕固族本族专家学者在接受良好高等教育和严格学术训练后茁壮成长，逐步成为裕固族研究的主体力量；三是裕固族研究的知识生产机制逐步健全，特别是知识积累机制得到较好的重视和发展，在不到20年的时间里先后有多本论文汇编和研究集成出版，为学术研究进一步开拓创新和持续发展提供了基础资料和参考范例。

诚如马克思所言，"人们自己创造自己的历史，但是他们并不是随心所欲地创造，并不是在他们自己选定的条件下创造，而是在直接碰到的、既定的、从过去承继下来的条件下创造"。在新的时代条件和发展形势下，今天的专家学者要想站在巨人的肩膀上看"世界的裕固族"和"裕固族的世界"，就必须对前辈学者的研究成果，包括其中的问题、资料、方法和理论进行系统的回顾和评论，以达到"反思性地继承、创造性地发展"的学术目的。为此，我邀请了数位在裕固族研究分支领域初露锋芒，甚或卓有建树的年轻专家学者，对他们各自研究的分支领域取得的成绩、存在的问题及应对的策略进行初步梳理和分析，并撰写成文章组成系列，"裕固族研究"专栏将陆续刊出这些成果。我们期望，这些成果不仅能促进分支领域的持续发展，而且能不断推进学术创新和知识整合，使"裕固族研究"（Yugur studies）在不久的将来能真正发展成为一门新兴学科——"裕固学"（Yugurology）。[5]

　　"裕固学"名称和构想的由来大致如此。"名"与"实"总是彼此依存和相互构建的，"裕固学"名称和构想的提出，实际上基于国内外、族内外数代学者的心血、智慧和成果之上，同时也说明"裕固族研究"需要"百尺竿头，更进一步"，通过系统变革和创新网络迈向一个崭新的发展阶段。

二、关于构建裕固学的几点建议

　　所谓裕固学，粗略来说就是以研究裕固族（及其先民）聚居区（及其周边地区）自然生态和文化生态的类型样式、系统运行与适应变迁为要旨的学问。在新的历史条件下，构建裕固学的机遇与挑战并存。先贤老子尝言："合抱之木，生于毫末；九层之台，起于累土；

千里之行，始于足下。"为了实现从"裕固族研究"到"裕固学"的学术飞跃，并虑及未来裕固学的构建、发展和繁荣，笔者认为目前最宜从以下三个方面着手。

（一）构建研究团队

从事裕固族研究的学者，多分布于专业研究机构（例如中国社会科学院、敦煌研究院等）和高校院系（例如中央民族大学文学与新闻传播学院、西北民族大学民族学与社会学学院等），比较分散且层次不一。裕固学能不能发展起来，关键是人才。从目前情况看来，人才匮乏的情况还没有得到根本的缓解，而且以下三类人才奇缺：一是承担重大课题的领军人物式的人才；二是进行学术组织的社会创业家式的人才；三是精通两种裕固语和汉语，且能持之以恒进行田野调查的人才。

语言能力是限制从事裕固族研究的学者成长和发展的首要因素。一方面，裕固族有两种本族语言，是否精通两种本族语言，对研究质量有一定的影响。以本族学者队伍为例，目前的情况是能熟练使用本族语言的学者，专业研究能力和汉语学术写作水平却差强人意；专业研究能力较强和汉语学术写作水平较高的学者，又不能熟练使用本族语言。至今还没有出现既精通两种本族语言，又能"站在巨人肩上"做出上乘研究的本族学者。另一方面，对使用范围较广的学术语言，如英语、德语、俄语、法语和日语等的实际应用能力非常有限，这在很大程度上直接限制了学者们构建国际学术网络和展开国际学术合作与对话的能力。

解决上述问题最重要的举措还在于学术共同体的构建、培育和涵养，以便共享某种价值、态度和行为方式，因为学者是非常重视学术意义追问和学术共同体归属的特殊人群。先贤孔子尝言："知之者不如好之者，好之者不如乐之者。"[6]61 要想使学者都能成为"乐之者"，就得不断加强学术共同体建设。另外，不断吸引学术研究的新生力量加入裕固族研究队伍，也是有益的举措，其中包括不断提升裕固族地区学校教育质量，让裕固族青少年能以优异成绩进入国内外一流大学学习深造，以便能培养出更多更优秀的本族学者。

（二）夯实资料建设

任何学科、领域的学术研究都对文献资料的整理和研究极为重视，这是最基础的学科和领域建设工作，裕固族研究也不例外。过去，我们常常感叹关于裕固族的文献资料非常少，以致裕固族研究除田野调查搜集共时性资料外无法深入开展历时性的研究，现在看来其实不然。第一，仅汉文资料近年来就有相当重要的发现，最为重大者莫过于裕固族研究专家高启安等人对明代史志《肃镇华夷志》的点校和刊印，"在东乡、保安、土族、撒拉、裕固诸明末清初形成的少数民族中，由于《肃镇华夷志》的存在，使裕固族成为唯一有早期专门史料记载的民族"[7]前言·15。第二，在近现代汉文档案资料的发掘中，裕固族研究专家闫天灵在甘肃省档案馆发现了民国甘肃省民政厅档案，其中有大量关于"黄番七族""部落制"改"县乡制"的文电、报告、请愿书、信函等档案资料[8][9]。第三，裕固族研究界对回鹘文资料相对熟悉，但对蒙古文、维吾尔文、藏文、满文等兄弟民族文字书写的相关资料的整理翻译基本处于"拓荒"阶段。第四，由于裕固族的文字——回鹘文失传了，裕固族口头传统资料较为丰富，但学术界常常以小民族"只有神话没有历史"的谬见（要知道实际上口头传统是文字历史的"先祖"）贬低口头传统资料的价值，现实中确实也存在"不把豆包当干粮"的现象，致使大量珍贵的口头传统资料没有被及时、准确地采录和整理出来。第五，对波斯文、俄文、德文、法文、英文、日文中的相关资料的整理翻译也很不足。第六，对从波塔宁开始的国外学者的田野调查资料，从蒙藏委员会酒泉调查组（后改称河西调查组）开始的国内学者的田野调查资料的整理和刊印均显不足。因此，总体上看来，裕固族研究的资料建设工作取得了一定的成就，但是做得还远远不够，对裕固族研究的支撑作用还没有完全发挥出来。

现在中国学术界提倡"原创性研究"，本来是针对学术研究中大量存在的"千篇一律、千文一面"的现象提出的对策，但是现实中造成了对忽视资料建设以及"翻译不算成果""为理论而理论"的实际后果。笔者认为，"原创性研究"的集群知识生产效应一定是建立在对扎实有序的资料建设和深入研究的基础之上的。通过文献研究，我们实际上不仅仅可以推进学术研究，而且对于那些语焉不详甚至以讹传讹的大众文化现象也起到批评和矫正作用。例如，近年来关于裕固族名称的由来有个别违背历史事实的言论。实际上，汉文书写的族称"裕固"，是根据本族自称"尧乎尔"汉文音译"玉固尔"并加以修饰而来的，是裕固族原亚拉格部落头目安进朝和第一代知识分子屈大元共同合作的杰作。1953 年 10 月 13 日，周恩来总理代表中央人民政府批准了甘肃省人民政府的相关请示报告，将尧乎尔人的汉文族称正式定下写作"裕固族"[10]172-176。

今后，裕固族研究界要重视资料建设工作，要给在资料建设工作中取得成就的学者以高度评价，要鼓励相关的专业研究机构、高校院系和裕固族地区档案馆、图书馆、博物馆、非物质文化遗产保护传承中心等机构积极参与资料建设工作。

（三）加强学术交流

随着中国的改革开放和迅速发展，中国的国际地位越来越高，与国外的政治、经济、社会、文化交流越来越频繁，这给国内从事裕固族研究的学者带来了前所未有的学术交流氛围和机会。裕固族研究界要仅仅抓住机遇，走出国门去宣传裕固族研究所取得的成就，与国外学者一起聚焦问题，拓展理论和方法，争取使裕固族研究的质量得到迅速提升。裕固学能不能生存、发展和繁荣，说到底取决于它对民族、地方和国家发展的贡献。我们要坚决破除"等、靠、要"的传统思想，要坚定树立以成就和贡献获得政府、市场和社会支持和赞助的现代思想。

2010 年以来，裕固族研究界的学术交流有了实质性的发展，召开了专题性和综合性的学术会议，有时在宏大学术主题的会议上也专门组织了专题性的研讨。2013 年 6 月，笔者和裕固族学者阿尔斯兰共同创建了裕固族研究 QQ 群，为裕固族研究的专家学者提供了分享研究资料和研究心得、相互交流沟通和切磋砥砺的学术平台。

鉴于国际学术界越来越重视和推崇"低成本、高效益"的小型专题研讨会作为学术交流和知识生产的主要方式，今后，我们要更多地鼓励学者们以这种形式就某个研究主题进行深入探讨和深度交流。同时，鉴于从事裕固族研究的学者们分散在世界各地，我们应鼓励学者掌握多种语言文字交流能力，这样就可以通过信息技术手段实现及时和即时的资料传递和学术交流。

笔者从事裕固族研究以来，始终抱定年轻时代就树立的人生志向，即通过学术研究来发展和繁荣裕固族文化，进而激发、坚定和提升裕固人追求美好生活的愿望、信心和能力。人口较少民族拥有"大志向、好生活"，这是笔者对百折不挠、自强不息的裕固人的未来期许。学术研究最终服务于人类发展，裕固学最终也是服务于民族、地方、国家和人类的协同发展，故学界同仁应集合力量、共同努力，真正缔造出一门追求文化共生与民族团结，迈向和谐社会和美好生活的学问——裕固学。

参考文献：

[1] 多红斌. 编者手记 [J]. 甘泉，1997（1）：48.

[2] 巴战龙. 高天飞鸿 [J]. 甘泉，2000（3-4）：108.

[3] 多红斌. 主编絮语 [J]. 甘泉，2000（3-4）：108.

[4] 韩杰. 传承、发展与交流："裕固族文化发展学术研讨会"综述 [J]. 河西学院学报，2012（6）：24-27.

[5] 巴战龙. 主持人语 [J]. 河西学院学报，2013（1）：1.

[6] 程昌明，译注. 论语 [M]. 太原：山西古籍出版社，1999.

[7] 李应魁. 肃镇华夷志 [M]. 高启安，邰惠莉，点校. 兰州：甘肃人民出版社，2006.

[8] 闫天灵. 自治与县辖的"马拉松之争"——1942—1954 年裕固族地区行政改
制研究 [C] // 钟进文，巴战龙. 中国裕固族研究（第一辑）. 北京：中央民族
大学出版社，2011：60–73.

[9] 钟福国，闫天灵. 上访博弈的生成与蔓延——裕固族地区"马拉松改制"再
研究 [C] // 钟进文，巴战龙. 中国裕固族研究（第一辑）. 北京：中央民族大
学出版社，2011：74–86.

[10] 巴战龙. 学校教育·地方知识·现代性：一项家乡人类学研究 [M]. 北京：
民族出版社，2010.

裕固族在中国，裕固学在世界[*]

——再谈关于构建裕固学的几点思考

一、引论

裕固学是一个崭新的社会科学术语，虽然这一术语于 2000 年就已出现在内部发行的地方文艺刊物《甘泉》上，但从严格意义上来说，2014 年才堪称"裕固学元年"。这么说有三个理由：一是 2014 年 11 月 12 日，由笔者主编的《裕固学研究通讯》创刊号印行，专门服务于裕固学界的学术交流和信息沟通，至今已编辑印行共 8 期；二是同年 11 月 29 日，由笔者召集，由北京师范大学社会发展与公共政策学院主办，中央民族大学文学与新闻传播学院协办的"历史、文化与认同：第一届裕固学研讨会"在中央民族大学举行，著名裕固学家（Yugurologist）杨富学和钟进文分别做了题为《"裕固学"应擎起河西回鹘研究的大旗》和《构建"裕固学"的价值和意义——以个人研究体会为例》的开幕主题发言，笔者作为会议召集人作了《一门新兴的社会科学——迈向专业化和组织化的裕固学》的闭幕主题发言，把"裕固族研究"提升到"裕固学"这一新的学术境界的思路和主张引起和获得了与会专家学者的共鸣和认同^[1]；

* 原载《青海民族大学学报》（社会科学版），2016 年第 2 期，第 128–131 页，收入本书时有改动。

三是同年 12 月《河西学院学报》第 6 期（总第 107 期）"裕固族研究"专栏发表了笔者的专文《关于构建"裕固学"的几点思考》[2]，至此，"裕固学"正式登上了中国社会科学的舞台。

目前，"裕固学"这一术语不仅在传统媒体上得到了传播，而且在新媒体上也得到了展示，笔者和裕固族学者阿尔斯兰将原来的"裕固族研究"QQ 群更名为"裕固学"QQ 群，又新创办了"裕固学"微信群，使得许多与裕固族相关的学术和文化信息得到了迅捷传播，"裕固学"也引起了更多相关学者和普通裕固人的关注。截至 2016 年 1 月 1 日，在中国知网（CNKI）的"学术期刊"上以主题"裕固学"进行检索，可得到 7 篇公开发表的文献，其中，论文 3 篇，书面访谈录 2 篇，书评和会议综述各 1 篇。

尽管在短短一年内已经取得了难能可贵的成就，但是在名目繁多、众说纷纭的社会科学界，"裕固学"充其量也只是一个"初生婴儿"，因为它是受时代召唤，主要地是由有着 130 多年历史的"裕固族研究"里孕育分娩出来的。由此可以肯定地说，如何构建"裕固学"将成为激励和困扰数代裕固学界志士才俊的"重大问题"。鉴于上文所述，构建"裕固学"的实践已经展开，这个"重大问题"已经可以从"实然"和"应然"两个层面出发区分出两个相互关联的亚问题，即"裕固学"究竟是如何构建的（实然）和"裕固学"究竟应该如何构建（应然）。在本书中，笔者不揣浅陋，紧紧围绕"裕固族在中国，裕固学在世界"的题旨，以社会—文化人类学（以下除引文外，简称"人类学"）为基本学科视角谈谈对上述"重大问题""应然"层面的思考所得，如有不当之处，敬请方家指正。

二、裕固学的研究对象："裕固族在中国"

一般来说，研究对象的厘定是学科合法性叙事的必要组成部分，但是研究对象的厘定从来就不是一件轻松容易的事情。据笔者所知，即使像人类学这门早已确立自己经典学科地位的学科，它的研究对象的厘定至今仍然备受争议，有时甚至被调侃。例如，享有世界声誉的美国人类学家格尔茨在生前编纂的一本内容广博而含义深刻的文集——《烛幽之光：哲学问题的人类学省思》中就曾写道，"人类学作为一项学术事业，它的优势之一是没人（包括业内老手）十分了然它到底是什么"[3]81；"尽人皆知文化人类学研究什么：它研究文化。麻烦的是谁都不很清楚文化是什么"[3]9。不过，更加棘手的是，"研究对象"这一概念，无论是在人文学科（如哲学）中，还是在社会科学（如人类学）中，历来都是争议的焦点，并广受关注。

既然厘定学科的研究对象是比较困难的事情，那么人类学还能在裕固学研究对象的厘定这件事情上有所助益吗？笔者认为答案是肯定的。由于人类学家本身把"说书人"和"学问家"的形象集于一身，其主要作品——民族志的文学性也不再是新鲜话题，所以，人类学研究的基本特点就是将"故事"与"道理"融为一体，这倒是恰恰给我们在"实体性思维"（例如"教育学是一门以教育现象、教育问题为研究对象，探索教育规律的科学"[4]15；"可以把社会学看成对人类社会，尤其是对现代的工业化体系的系统研究"[5]26；"人类学对人类进行整体和比较研究，是对人类的生物和文化多样性所做的系统探索"[6]22，等等）之外提供了另辟蹊径解决问题的启示。笔者 2014 年曾撰文，"所谓裕固学，粗略来说就是以研究裕固族（及其先民）聚居区（及其周边地区）自然生态和文化生态的类型样式、系统运行与适应变迁为要旨的学问"[2]。这一概括性的定义仍然沿用了"实体性思维"，显得刻板僵硬，很难激发研究者的想象力。经过一段时间的思考，笔者认为我们完全可以从"关系性思维"出发，将裕固学的研究对象界定为"裕固族在中国"，换言之，裕固学主要是讲述"裕固族在中国"的诸种故事的学问。

之所以将裕固学的研究对象界定为"裕固族在中国"，笔者认为主要有下述五个理由。一是从历史上看，如果从裕固族的直系先民——"撒里畏兀儿"开始算起，至今她的生存与发展从未与中国脱离联系。自 1912 年起，特别是自 1953 年"裕固族"以新名称登上历史舞台之后，她的包括身份认同、文化传统和社会发展在内的整体发展演变更是与国家命运紧紧联系在一起，形成了一个"谁也离不开谁"的"命运共同体"。二是从现实上看，裕固族不仅是公认的人类社会诸多族群之一，而且是"中华民族共同体"的成员之一，是中国官方认定的 56 个"民族"之一，55 个"少数民族"之一，28 个"人口较少民族"之一。三是从学术研究上看，当下认识和理解裕固族聚居区及其周边地区的生态、经济、政治、社会和文化，均已无法脱离对"裕固族及其聚居区"背后作为主权国家的中国的认识和理解。四是从知识表述工具上来看，未来裕固学的工作语言主要是汉语和英语，绝大多数裕固学研究成果和学术场合的工作语言是汉语，由于学习一种语言对普通人来说并非易事，所以可以肯定地说裕固学将更多的是与包括中国汉语学术界在内的全球汉语学术界进行对话和互动。五是从文化象征上看，"裕固族在中国"的诸种故事，本身已经成为全球社会关于"中国在世界"的诸种故事的有机组成部分。

格尔茨曾经提示我们："如果你想理解一门学科是什么，你首先应该观察的，不是这门学科的理论和发现，当然更不是它的辩护士们说了些什么；你应当观察这门学科的实践者们在做些什么。" [7]6 前文已述，裕固学只是一个"初生婴儿"，可供观察的学术活动和研究成果的规模和数量都很有限，因此，关于它的研究对象究竟是什么，实际上是一个开放的问题，是可以被学术界不断争论和厘定的。基于过程视角看待学科发展，厘定裕固学的研究对象是明晰其学科定位的基础和前提，而明晰学科定位则可以使研究对象更可能被"深描"（thick description）——聚焦、凝视、澄清、结晶和立体呈现。

三、裕固学的基本定位：裕固学在世界

学科既是一种知识体系，更是一种社会构建。换言之，学科是人们对知识（再）生产机制的人为设计。裕固学作为一门"后起"的学科，一方面，要在深入分析相关学科的学科建设经验的基础上，充分挖掘和利用其"后发优势"；另一方面，学科建设固然要靠积极发挥专家学者的"能动性"，但更要基于裕固族整体发展的文化基础和现实需要。笔者认为，这门新兴学科的基本定位是"裕固学在世界"，由三个相辅相成的具体设计组成。

（一）裕固学应是一门新兴的社会科学

20世纪50年代末，英国科学家兼小说家斯诺提出了著名的"斯诺命题"，这一命题由两个相互关联的观点组成，一是人类的知识（再）生产正在被两种截然不同的文化——科学文化（scientific culture）和人文文化（literary culture）所撕裂，这两种文化相互对立且难以融合；二是整体来说，自然科学所应受到的重视还远远不够，而人文学科则因为缺乏严密性而不能为欠发达地区人们福利的改善做出贡献[8]。"科学"与"人文"的争论由来已久，如果从1923年中国学术界的"科玄论战"算起也至少经过了30余年的不断争论，不过斯诺的文章、演讲和书籍相继出版后，引起了远远超出学术界的白热化争论。实际上，"斯诺命题"影响相当广泛，至今仍是许多国家和地区科技、教育与学术政策公开或隐性的理论基础。半个多世纪过去后的2009年，美国发展心理学家凯根对斯诺的观点进行了反思，提出了"三种文化"之说，即自然科学、社会科学和人文学科，并认为这"三种文化"都能够（和已经）对我们理解人类本质做出了贡献[9]。

把裕固学定位为一门社会科学，主要基于两个理由：一是可以搁置抑或避开上述那些学术界有始无终的关于"科学"与"人文"的争议，裕固学的优势应在于可以兼容"科学研究"和"人文研究"，如果相当数量的具体研究能兼具"科学"与"人文"的特性，那自然是求之不得、更为理想的。二是从裕固学的母体——裕固族研究这一领域中研究主题的发展演变也可以看出，社会科学研究在其中扮演的角色越来越重要。传统上，历史、语言和民俗研究是裕固族研究的"三驾马车"，而进入 21 世纪以来，教育、文学和生态研究则成了"新三驾马车"，其中由于裕固族本族文字——回鹘文的失传，与汉族、藏族、蒙古族和维吾尔族这些与裕固族有着极为重要的历史文化联系的民族相比，裕固族的经济、政治、社会和文化情况缺乏文献记载也是不争的事实。因此，整体来看，裕固族研究有两个特别值得注意的特点：一是田野调查这一社会科学的基本研究方法得到了极其广泛的应用；二是无论从研究质量上还是从研究数量上看，以人类学和社会学等社会科学诸学科为基本学科视角的研究所占地位和分量都在稳步提升和增加。

（二）裕固学应构建中国与世界双向交流的学术体制

匈牙利学者、欧洲藏学的奠基人乔玛不远万里到东方寻根，发现并认定尧乎尔人与匈牙利人同源，但最终未能找到尧乎尔人从而实现梦想的这一略带悲剧色彩的故事提示我们，裕固学的母体——"裕固族研究"本身就肇始于 19 世纪当"世界"凝视"中国"时 [10]。目前，以钟进文和铁穆尔为代表的本族学者、作家与国外研究、关注裕固族的学术界、文化界人士保持着广泛联系。鉴于传统与现实，我们应该加强与国外相关学者和学术机构的双向学术交流和研究合作。为此，一方面，裕固学界应积极打造学术交流与合作的平台，凝聚研究队伍，整合研究力量，不断提升研究质量；另一方面，要构建中国与世界双向交流的学术体制，不但要把国外学者的裕固学研究成果"引进来"，而且使中国学者的裕固学研究成果"走出去"。"裕固学"只有立足世界，尤其是其研究成果能经得起读者的挑剔、同行的审议和时间的考验，才能真正保证其"生命之树常青"。

（三）裕固学应成为裕固族文化的第一品牌及其永续发展的不竭动力

毋庸讳言，构建"裕固学"的根本动因，就在于要让裕固族重新拥有其文化传承、创新与整合的"自主性"。当下裕固族聚居区发展的根本问题，一言以蔽之，就是裕固族对其文化"自主性"的不断丧失。裕固族重新拥有其文化"自主性"的过程，实际上也是一个文化自觉的过程，而裕固族通往文化自觉境界的两条最基本路径就是发展优质教育和构建研究能力[11]。因此，裕固学的构建与发展是构建研究能力的题中应有之义，势在必行且迫在眉睫。从长远计，裕固学不但应成为裕固族文化"皇冠上的明珠"，亦可成为第一品牌，而且应该成为裕固族文化永续发展的不竭动力。

学科的发展会是一个简单的"定位"到"到位"的过程吗？笔者认为答案是否定的。学科的发展，从学科内部看，是从业者不断协商共识的过程，从外部看，是不断回应组织或群体某种社会性需求的过程。不过，如果没有"定位"，就无所谓"到位"。所以，随着时代的发展和研究的深入，对裕固学的基本定位不断进行"再设计"是十分必要的。

四、结语

笔者自 2014 年 11 月正式倡议将作为研究领域的"裕固族研究"提升作为社会科学的"裕固学"以来，得到了学术界同仁的肯定和支持。例如，杨富学发出"裕固学应擎起河西回鹘研究的大旗"的学术号召 [12]；钟进文指出裕固学能否成立在于其研究成果要有辐射其他民族或学科的价值和意义，要与其他民族或学科的研究成果互为文明 [13]；安惠娟提出裕固学的构建应从四个方面着手，分别是转换研究范式、平衡族内部区域研究、明晰主客位研究方法论、增强包括建立一支专业研究团队和取得一批综合性研究成果等在内的支撑力量 [1]；阿尔斯兰建议另辟蹊径传承裕固族语言文化，为裕固学的发展培养更高层次的人才队伍 [14]；安维武则在 2014 年 8 月正式挂牌成立的社会组织——裕固族教育研究所主持建立了"裕固学文献资料中心"，已收集、整理相关文献资料 1900 余册，并已开始为裕固学研究者提供文献资料的查询和借阅服务。

俗语云，"万事开头难"。但学术界俚语亦曰，"没有学术理想就不要做学术研究"。本书将裕固学的研究对象和基本定位概括为"裕固族在中国，裕固学在世界"，既是一种学术探索的论述，也是一种学术理想的表达。笔者希望这一学术理想能不断推动裕固学界设置新的议程、加快学科建设，构建和涵养学术共同体，从而促进裕固学永续、健康和全面发展。

参考文献：

[1] 安惠娟. 会当凌绝顶：第一届裕固学研讨会综述 [J]. 河西学院学报，2015（3）：13-18，91.

[2] 巴战龙 . 关于构建"裕固学"的几点思考 [J]. 河西学院学报，2014（6）：22-26.

[3] 格尔茨 . 烛幽之光：哲学问题的人类学省思 [M]. 甘会斌，译 . 上海：上海人民出版社，2013.

[4] 袁振国 . 当代教育学 [M]. 北京：教育科学出版社，1999.

[5] 吉登斯 . 社会学 [M]. 赵旭东，等，译 . 北京：北京大学出版社，2003.

[6] 科塔克 . 文化人类学：欣赏文化差异 [M]. 周云水，译 . 北京：中国人民大学出版社，2012.

[7] 格尔茨 . 文化的解释 [M]. 韩莉，译 . 南京：译林出版社，2008.

[8] 斯诺 . 两种文化 [M]. 纪树立，译 . 北京：生活·读书·新知三联书店，1994.

[9] 凯根 . 三种文化：21 世纪的自然科学、社会科学和人文学科 [M]. 王加丰，宋严萍，译 . 上海：格致出版社·上海人民出版社，2011.

[10] 巴战龙 . 他者的眼光与裕固族研究：读《中国裕固族研究集成》和《国外裕固族研究文集》[J]. 中国民族，2009（4）：63-64.

[11] 巴战龙 . 试论裕固族教育研究的性质与定位：基于教育人类学的视角 [J]. 民族教育研究，2013（2）：134-137.

[12] 杨富学 ."裕固学"应擎起河西回鹘研究的大旗 [J]. 河西学院学报，2015（3）：1-7.

[13] 钟进文 . 构建"裕固学"的价值和意义：以个人研究体会为例 [J]. 河西学院学报，2015（3）：8-12.

[14] 阿尔斯兰 . 另辟蹊径传承裕固族语言文化：鼓励裕固族孩子学习维、蒙、藏语文 [J]. 裕固学研究通讯，2015（3）：1-11.

如何提高裕固学研究的质量 *

一、引论： 研究质量就是学科生命

裕固族是历史悠久的民族，从其自称"尧乎尔"或"尧熬尔"看，她无疑是曾在内陆亚洲建立草原帝国的回鹘人的文化后裔。裕固族是中华人民共和国成立后第一批被识别和命名的 39 个民族之一，1954 年 2 月和 4 月先后成立了肃南裕固族自治区（县级）和黄泥堡裕固族自治区（乡级），1955 年按《中华人民共和国宪法》相关规定改称肃南裕固族自治县和黄泥堡裕固族乡 [1]。

从 1964 年的"十年县庆"开始 [2]，除 1974 年没有举行"县庆"活动外，"十年一大庆"已经成为裕固族地区社会政治生活中的一件大事。1994 年，甘肃省民族研究所在内部刊物《甘肃民族研究》上组织印行"肃南裕固族自治县成立四十周年县庆专刊"，裕固族研究专家杨富学等人撰文对改革开放以来裕固族历史与文化方面的主要研究成果与进展进行了述评，认为"对裕固族历史、文化的研究，近年国内取得了可喜的进展，涌现出了一批重要的研究成果，使一些长期悬而未决的问题得到了解决，同时又提出了不少新的问题，部分空白点也开始有了初步的探讨" [3]。10 年后的 2004 年，裕固族研究专家高启安撰文对为何裕固族研究能成为西北民族研究的热点进行了归因分析，并从研究内容和研究方法两方面分析了存在的问

---

* 原载《河西学院学报》，2018 年第 1 期，第 12—16 页，收入本书时有改动。

题和可能对策，认为"裕固族研究已经持续了一个多世纪，取得了丰硕的成果，在对人口较少的少数民族研究当中，裕固族研究处于领先水平"[4]。又一个 10 年后的 2014 年，笔者撰文提出，"现代意义上的裕固族研究走过了近 130 年的发展历程，已经发展成为一个综合性的学术领域。根据 21 世纪以来所取得的系列成就和面临的诸多挑战，学界同仁应集合力量、共同努力把裕固族研究提升到裕固学这一新的学术境界"[5]。

　　2014 年是裕固学元年，因而它是一门新兴的社会科学[6]。尽管裕固学自登上学术舞台以来，已经取得包括分别由北京师范大学、中央民族大学、河西学院、敦煌研究院主办的四届（文章发表时）裕固学研讨会[7]-[10]，发表了数十篇专题研究文章，建设了"裕固学文献资料中心"[11]，创办了"裕固学"微信公众号、微信群，但毋庸讳言，如果与汉学、藏学、蒙古学、突厥学和敦煌学等这些和裕固学有着密切关系且相对发展水平较高的学科相比，裕固学研究的质量和水平都比较低，亟待改善与提高。"质量是生命，创新是灵魂"，已经成为整个社会科学界的共识，繁荣社会科学也已进入了国家学术政策议程，裕固学界应充分挖掘学科建设的"后发展"优势，充分重视和努力解决如何提高裕固学研究的质量这一现实难题。本书拟以文化人类学为基本视角，以营建学科文化为主要思路，尝试提出和论证"培育、激励和发展基于证据的裕固学研究是提高裕固学研究质量的适切选择"。

二、"基于证据"：一份学术简史

"基于证据"（evidence-based，也译为"循证"和"以证据为基础"）有着繁多的思想渊源和厚实的生活基础，像汉语中"眼见为实，耳听为虚"等朴素智慧都在印证这一古老理念。但是，作为一种学术研究和社会实践的现代理念，从最初的萌芽生长到现在的大行其道，只有短短尚不足半个世纪的历史。学术界较为普遍的说法是，这一理念源于20世纪80年代兴起的"循证医学"（evidence-based medicine），之后迅速扩展到教育、法律、管理、社会福利和农业等领域。

20世纪90年代后期，"基于证据"的理念从应用实践领域脱颖而出，成为公共话语从而备受社会各界关注，这一转变受益于当时英国布莱尔政府将其植入公共政策的实践，甚至由此逐步形成了"基于证据的政策"（evidence-based policy）的新型公共管理理念。之后，在英美澳新等国政府、欧盟和学术界的强力推动下，"基于证据的政策"在公共政策中逐步成为主流话语和技术体系，这种状况又反过来助推"基于证据"的理念在教育等应用实践领域中流行起来，几乎形成了一股包括"基于证据的教学"（evidence-based teaching）等在内的"基于证据+"风潮[12]。

"基于证据"理念的流行，并非由一味追求时尚的冲动所造就，实际它的成功主要归因于以下三点：①它纾解了精英人士对普通民众和包括政府在内的人类组织在专业实践中不重视证据的"惯习"的深深不满，精英人士认为这种"惯习"恰恰是各种专业实

践活动质量难以改善、效益难以提高的罪魁祸首；②它缓解了人
们对在实践领域盲目应用研究成果可能出现非意图后果而产生的
焦虑和担忧；③它肯定了在医疗等应用实践领域之所以能取得重
大进步的根本原因在于，从业者愿意接受专业实践应基于证据的
观念。[13]

　　"基于证据"的理念与许多同类理念的不同之处在于它的含义
并不复杂。它所倡导的，简而言之就是"我们需要的是基于证据的
研究和实践，而不是想当然的议论和习惯性的做法"。该理念真正
精妙之处在于"证据"，其核心信条是高质量的研究和实践取决于
能否识别和选择高质量的证据，而证据则是基于多重视角和立场的、
来源广泛且效用不等的信息，可能包括如 1999 年英国发布的《21
世纪的专业化政策制定》报告中所提到的"专家的知识、现有国内
外研究、现有的统计资料、利益相关者的意见、以前的政策评价、
网络资源、咨询结果、多种政策方案的成本估算、由经济学和统计
学模型推算的结果"[14]7 等，但远不限于此。实际上，证据的来源、
呈现和使用无不具有多样性，因而"基于证据"的理念至少有两个
意涵：一是要在保证证据科学性的前提下尽力全面、系统地掌握有
效证据，二是从种类繁多、形式多样的证据资源中选取相对而言更
关键或更有用的证据。由此，我们还可以进一步推论出评估证据分
两步走，第一步主要解决证据的相关问题，即确保证据与研究和实
践中所要认识或解决的关键问题相关；第二步主要解决证据的质量
问题，即确保证据能为认识或解决关键问题发挥有效作用。

　　特别值得注意的是，"基于证据"虽是新近的舶来品，但在中

国古典，尤其现代学术史上并不缺乏值得勾连和比较的思想资源。在汉语古典学术中，"考据"与"义理"二词原非一对范畴，转为一对范畴是由多重因素造成的，尽管二者大多围绕经学文本展开，但"考据"的确已经蕴含了重视证据的思想[15]。尽管经学研究造就的"本土阐释论"多次转型、自成体系且学问相承，但最终在 20世纪 20 年代的"科玄之战"中不敌在西学东渐风潮中引进的科学实证论。曾赴日留学和侨居的杰出学者王国维于 1913 年首次提出"二重证明法"，1925 年明确提出"二重证据法"，即得"地下之材料"以补正"纸上之材料"[16]2。"二重证据法"很可能旨在调和经学考据法与科学实证法，但却改变了中国"本土阐释论"对作为材料的文献的过度倚重。在王国维之后，学界曾有多种"三重证据法"面世，多为要求肯定和应用民俗学、民族学和考古学等资料为"第三重"证据，认为"证据"不应仅仅局限于"文献"，更有文学人类学家叶舒宪于 21 世纪初年提出了"四重证据法"，经多次修正，于 2009 年将第四重证据界定为"比较文化视野中'物质文化'（material culture）及其图像资料"[17]。经过 100 余年的不懈努力，当前汉语学术界已开拓出了一种方法论新境界，即反思"二重证据法"，提倡"多重证据法"[18]。

三、基于证据的裕固学研究：文化选择与意义阐释

构建裕固学，并不是简单的发明创造和传播普及一个学术标签的问题，实际上它需要辨识、应对和解决一系列由知识（再）生产的内部"小生态"和外部"大生态"所产生的问题。换言之，构建

裕固学的过程，是一个复杂的知识（再）生产过程与文化政治过程。古人云，"不积跬步，无以至千里"，当前首当其冲要研讨的问题是如何实现从作为研究领域的"裕固族研究"到作为学术学科的"裕固学"的转换。但是，这种转换之所以值得去追求，之所以富有知识与文化意义，其基本的前提是实现这种转换能较大幅度提高学术研究的质量。这样一来，如何提高裕固学研究的质量就成了构建裕固学过程中需要研讨的最基本问题。

至少就目前而言，"裕固学"最重要的知识基础是由"裕固族研究"提供的，因此"取其精华，去其糟粕"自然就成为"裕固学"对待"裕固族研究"之学术遗产的基本态度，抑或说，反思性地继承"裕固族研究"的学术遗产是提高裕固学研究质量的必由之路。纵观130余年来的"裕固族研究"，既有脍炙人口、备受推崇的学术经典之作，也有被人唾弃、备受诟病的粗制滥造之作。换言之，该研究领域最令人印象深刻的就是学术水平参差不齐与研究质量差距过大。

如果我们以突厥语言学家陈宗振于1977年在《新疆大学学报（哲学社会科学版）》上发表《裕固族及其语言》[19]作为起点，检索截至2014年底公开发表的学术论文，可以发现有数百篇之多。但是细致阅读和仔细分析这些论文，可以发现总体上存在"两多一少"的问题。"两多一少"，即用"剪刀加糨糊"制作的论文多和"无学术贡献"的论文多、符合学术规范的高水平论文少。高水平论文少是整个中国社会科学存在的问题，因此，我们将分析的重点放在"两多"的具体表现上，继而发现"五个缺失"问题是非常值得关注的：

①研究问题缺失。研究问题是整个研究的灵魂，没有研究问题不仅会给研究者带来困扰，而且会使读者一头雾水、不知所云。②事实发现缺失。不同于前辈研究的新的事实发现是整个研究的基础，没有新的事实发现，这样的研究从知识积累的角度看就没有价值。③理论视角缺失。理论视角是系统性、逻辑化的知识探索的工具，通俗地说，研究者能看到什么取决于研究者所持的理论视角，没有理论视角或不能厘清理论视角，会使研究者常常处于盲人摸象或无异于常人的尴尬境地。④文献征引缺失。学术研究好比一条蜿蜒曲折的河流，是"前有古人，后有来者"的生生不息的文化事业，文献征引是研究者就该研究所处位置的"坐标"及其脉络的说明，不仅可以起到标识文中信息的来源和出处的功能，而且可以为文中内容起到佐证和支撑的作用，没有文献征引是缺乏学术伦理自律的典型表现。⑤术语规范缺失。术语是学术研究中用以表示特定意义的专门用语，没有术语规范，使得学术后继者和普通读者常常无所适从，频频出现理解偏差。

从 20 世纪 90 年代初至今，中国学术界，尤其是中国社会科学界开展了声势浩大的"中国学术规范化"运动，这场运动取得了很大成就，尤其因为使中国社会科学的学术规范和研究水平有了较大幅度提高而备受称道[20]。但毋庸讳言，这场影响深远的运动对"裕固族研究"的影响很小，造成这种结局的原因很多[21]，但最主要的原因很可能是由"裕固族研究"在中国社会科学诸领域中处于极为边缘的位置所致。

"前事不忘，后事之师"，古语警示我们，"裕固学"不应再重复"裕固族研究"的"悲剧命数"——不是停留在诸如"实在论"与"建构论"间的学术潮流的钟摆上[22]，就是无法打破符应式"嵌套创作"与独白式"直抒胸臆"的低水平循环的魔咒。倡导基于证据的裕固学研究，正是为了针对性地对上述学术顽症进行"文化治疗"，其根本目的在于使作为知识（再）生产的裕固学研究走上遵从促成知识积累的学术规范之路。

　　存在上述"五个缺失"和"悲剧命数"问题的"裕固族研究"是某种"边缘奇葩"或"特色产物"吗？答案是否定的。笔者发现，美国政治学家范埃弗拉对美国政治学研究一针见血式的两种批评意见完全适用于中国的"裕固族研究"，其一是相同的研究议题被不断地低水平重复；其二是研究数量很多但解决的问题却很少，甚至在部分所谓研究中"研究问题"本身就是缺失的。这位资深社会科学研究方法专家提出的主要针对博士学位论文但却完全不限于博士学位论文的七种浸透着做"基于证据的研究"的建议也完全适用于裕固学。这七种建议分别是：①在开展研究之前，先做研究设计；②研究者清晰地表达自己的观点；③充分、全面地展示文献和证据；④提供所有资料出处和所述事实的来源；⑤简洁回应读者可能提出的质疑；⑥在研究伊始可先做探索性研究；⑦清楚地指出研究要修改、驳斥或超越的前辈著述。[23]99-101

　　从人类学整体论来看，提高裕固学研究的质量不可能一蹴而就，需要裕固学界持续不懈的努力。裕固学是一门社会科学，抑或说它既是科学的又是人文的；它既以人类学为坚实的知识基础，又与许多其他学科有着密切的关联，抑或说它是在与其他学科的互动中而绝不是在孤立中构建其学科文化的。我们从其他学科中引入并倡导做基于证据的研究，最终将使人们明白并确信：裕固学既是一种看待世界的方式，也是一种探究世界的过程，关于诸如裕固族这样的族群的各类知识都不可避免地具有暂时性和不确定性。

四、结语：重在营建学科文化

2014 年底，构建裕固学的学术主张被正式提出，成为从事"裕固族研究"的原本松散联结的学术共同体的新使命。作为一门新兴的社会科学，如何不断提高裕固学研究的质量，是学科建设的核心命题和学科发展的根本之道。从文化人类学角度出发，笔者认为应该将努力方向确定为营建学科文化。这一观点特别受到了知识人类学研究里程碑式的著作——英国学者比彻和特罗勒尔的《学术部落及其领地：知识探索与学科文化》的启发和鼓励[24]。

这里所说的学科文化是指从事这一学科研究的学术共同体的成员共同认同的基本信念和行为方式。营建优质的学科文化，可为学科发展提供动力和保障、规范和激励。综合考虑"裕固族研究"的已有基础和"裕固学"研究的当前现状，倡导基于证据的裕固学研究，是提高裕固学研究质量的有效路径。抑或说，在裕固学的初创期，大力营建、不懈开展基于证据的学术研究的学科文化，无论对于传承"裕固族研究"的学术遗产，还是开拓这门社会科学的学术新境界都是至关重要且意义深远的。

参考文献：

[1] 巴战龙.裕固族国族认同构建的社会过程：一项历史与政治民族志研究 [R].
北京：教育部人文社会科学青年基金项目研究报告，2016.

[2] 郎天荣.坚持以牧为主的方针，促进肃南社会主义建设的全面发展：庆祝肃
南裕固族自治县成立十周年 [J].中国民族，1964（Z1）：13–15.

[3] 杨富学，李吉和.近年国内裕固族历史、文化研究述评 [J].甘肃民族研究，
1994（2）：24–34.

[4] 高启安.裕固族研究的几点思考 [J].兰州商学院学报，2004（5）：109–114.

[5] 巴战龙.关于构建"裕固学"的几点思考 [J].河西学院学报，2014（6）：
22–26.

[6] 巴战龙.裕固族在中国，裕固学在世界：再谈关于构建"裕固学"的几点思考[J].
青海民族大学学报（社会科学版），2016（2）：128–131.

[7] 安惠娟.会当凌绝顶：第一届裕固学研讨会综述 [J].河西学院学报，2015（3）：
13–18，91.

[8] 钟进文.裕固学，不止是裕固学：第二届裕固学学术研讨会综述 [J].河西学
院学报，2016（6）：12–19.

[9] 李建宗."视野·理论·方法：第三届裕固学研讨会"会议综述 [J].河西学
院学报，2017（1）：26–30.

[10] 巴战龙."裕固与敦煌"学术研讨会暨第四届裕固学研讨会召开 [N].中国民
族报，2017–05–26.

[11] 安维武."裕固学文献资料中心"建设构想和初步实践 [J].河西学院学报，
2016（4）：24–27.

[12] 佩第.循证教学：一种有效的教学法 [M].宋懿琛，等，译.广州：广东教育
出版社，2013.

[13] Slavin，R. E. Evidence–based Education Policy：Transforming Educational

Practice and Research[J]. Educational Researcher, 2002, 31（7）: 15–21.

[14] 李晓轩, 杨可佳, 张秀峰, 等. 基于证据的政策制定: 中英比较研究 [M]. 北京: 科学出版社, 2015.

[15] 王小婷. "义理" "考据" 辨 [J]. 北京大学学报（哲学社会科学版）, 2011（3）: 144–151.

[16] 王国维. 古史新证 [M]. 北京: 清华大学出版社, 1994.

[17] 叶舒宪. 国学考据学的证据法研究及展望: 从一重证据到四重证据 [J]. 证据科学, 2009（4）: 389–404.

[18] 杨骊. 反思二重证据法的局限: 兼论多重证据法的演变之必然 [J]. 西南民族大学学报（人文社会科学版）, 2014（4）: 185–188.

[19] 陈宗振. 裕固族及其语言 [J]. 新疆大学学报（哲学社会科学版）, 1977（Z1）: 72–82.

[20] 邓正来. 知识生产机器的反思与批判 [C] // 邓正来. 学术与自主: 中国社会科学研究. 北京: 北京大学出版社, 2008: 205–213.

[21] 铁穆尔. 全面、健康、持续地推进裕固族文化研究 [C] // 钟进文, 巴战龙. 中国裕固族研究. 北京: 中央民族大学出版社, 2011: 496–502.

[22] 德兰逊. 社会科学: 超越建构论和实在论 [M]. 张茂元, 译. 长春: 吉林人民出版社, 2005.

[23] 范埃弗拉. 政治学研究方法指南 [M]. 陈琪, 译. 北京: 北京大学出版社, 2006.

[24] 比彻, 特罗勒尔. 学术部落及其领地: 知识探索与学科文化 [M]. 唐跃勤, 等, 译. 北京: 北京大学出版社, 2008.

第二编

裕固族文学、语言与文化

动情的观察者与历史感的抒写 *

——对铁穆尔文集《苍天的耳语》的人类学阐释

一、引言：如何看待"非虚构作品集"

　　裕固族，自称"尧乎尔"（用宽式国际音标转写作 [joɣur]）或"尧熬尔"（用宽式国际音标转写作 [joʁor]），是古代回鹘人的一支——以"撒里畏兀儿"为主体，融合蒙古族、藏族、土族、汉族等族发展而来的族群，"裕固族"被认定和命名为我国的少数民族是在 1953 年，是"统一的多民族国家"的"民族"之一；1954 年裕固族实现民族区域自治，甘肃省肃南裕固族自治区（县级，后改称肃南裕固族自治县，以下简称"自治县"）和黄泥堡裕固族自治区（乡级，后改称黄泥堡裕固族乡）先后成立。裕固族和其他兄弟民族一样，在历史进程中，在经济、政治和社会、文化等各个方面都发生了深刻变化并取得了一定成就，其中一项引人瞩目的成就就是裕固族作家文学的产生和崛起，最富代表性的作家是被誉为裕固族"人民作家"的铁穆尔 [1]。

　　铁穆尔全名"尧熬尔·赛姆道·铁穆尔"，是当代裕固人知名

　　* 在笔者的历次田野调查中，裕固族作家铁穆尔及其家人提供了许多珍贵信息，特别是在本书撰写期间，铁穆尔拨冗提供了详尽的亲属关系和生活史资料，在此谨致谢意！原载《中央民族大学学报》（哲学社会科学版），2016 年第 5 期，第 77—85 页，收入本书时有改动。

度最高的人物之一。他以破解同时作为"草原帝国后裔"和"人口较少民族"的"尧熬尔之谜"为文化使命，长期坚持田野调查和文学写作，继《星光下的乌拉金》[2]《北方女王》[3] 和《尧熬尔河》[4] 之后，于 2014 年出版了第四部文集，并在"代序"——《蓝翅膀的游隼》一文中自陈："非虚构作品集《苍天的耳语》，就是一些关于我们的族群、牧场和牛羊的文字。"[5]序·8

铁穆尔的新文集一如既往在裕固族地区引起社会各界的强烈关注和积极评价自不待言，他的作品还在国内的文学界和学术界富有生命力和争议性。那么，我们究竟该如何看待《苍天的耳语》这部"非虚构作品集"呢？笔者不揣浅陋，试图从社会—文化人类学（以下简称"人类学"）视角切入，对作者的身份、立场和作品的抒写主旨、文化意义加以阐释和评论，以求为"铁穆尔研究"的推进抛砖引玉。

二、动情的观察者：模糊的身份与坚定的立场

过往对铁穆尔的研究，对他的身份关注不多，使得这些研究仅仅对作品文本与族群文化做出过于牵强的符应性的阐释。观察和解说铁穆尔身份的维度可以是多元的，本书从纵向的血缘维度和横向的业缘维度作些讨论。

首先，铁穆尔出生于一个尧熬尔和吐蕃特（即藏族）合璧的家庭。他的祖父叫斯车穆加木参，吐蕃特人，原籍吐蕃特高原东部道帏部落人（今青海省循化县道帏藏族乡），通吐蕃特语、蒙古语、尧熬尔语和汉语；他的祖母叫艾吉布奇（又名再再），尧熬尔鄂金尼部落安江氏族人，通尧熬尔语和吐蕃特语，粗通汉语。他的外祖父叫

热布旦，尧熬尔安江氏族人，鄂金尼部落世袭头目，通吐蕃特语、尧熬尔语、粗通汉语；外祖母叫英科尔，尧熬尔鄂金尼部落祁鲁氏族人，通尧熬尔语和吐蕃特语，粗通汉语。他的父亲叫赛姆道（乳名达河志，1958 年后开始用汉名郎永胜），通吐蕃特语、尧熬尔语和汉语，略通蒙古语，识些藏文和汉文；母亲叫赛卓（1958 年后开始用汉名安银花），通尧熬尔语、吐蕃特语和汉语。他的大姐叫才增卓玛（汉名郎慧东），通尧熬尔语和汉语，识些汉字；二姐才让卓玛（汉名郎慧琴），通尧熬尔语，精通汉语，毕业于西北民族学院（现西北民族大学）汉语系。1963 年，铁穆尔出生在这样一个充满传奇色彩的多元文化家庭之中。备受家人疼爱的他，小时候因头发稀少，又常常因各种原因头上撞得青一块紫一块，故得诨号"铁穆尔套勒黑"（意为"铁头"），1972—1981 年，也曾一度使用过汉名郎英雄、郎惠军（或郎挥军），之后开始使用"铁穆尔"这一在突厥语和蒙古语族群中极为常见的名字。为避免张冠李戴，后决定使用全名"尧熬尔·赛姆道·铁穆尔"，简写作"Y.C.铁穆尔"，"Y"是尧熬尔一名的字母缩写，"C"是父亲名字的缩写，就是"尧熬尔人赛姆道之子铁穆尔"的意思。祖母给他起的吐蕃特名字为"才让当知"（或"车凌敦多布"），而母亲则习惯叫他"奥兰"（意为"红色"）。高中毕业后，铁穆尔做了一年多地道的牧民，1983 年考入西北民族学院历史系，1987 年毕业后回到自治县工作。[6]2004 年 9 月至 2005 年 1 月在鲁迅文学院第四届高级研讨班（少数民族中青年作家班）学习。他精通尧熬尔语和汉语，粗通蒙古语和吐蕃特语。

其次，他以作家为主要身份，兼有学者、牧人和干部三种身份。

铁穆尔几十年如一日不辞辛劳地在西北少数民族地区做田野调查和
走访游历，获得了海量的民间知识和人生体验，加之广泛阅读内陆
亚洲的历史文化书籍，以及文学、历史学和人类学等相关学科书
籍，使他成长为一位学者型作家。[7] 在创建裕固族文化研究室和创
办《尧熬尔文化》杂志之前，他曾在自治县地方志办公室工作多年。
他还曾是自治县文联的专职作家，目前担任甘肃省作家协会副主席。
近年来，随着父母亲年事已高，不能再从事畜牧业生产，作为家中
唯一的儿子，他除了照顾父母外，还操持起了家中的畜牧业生产。

　　综上所述，笔者想指出两点：一是铁穆尔出生和成长于一个典
型的多元文化家庭，家庭成员的轶事、经历和擅长给他的写作提供
了丰厚的资源和养料，加之他后来的学习、工作和生活经验，使他
最终摆脱了从单一文化视角观察、学习和写作的沉疴痼疾，达到紧
随时代、贴近生活、开阔宽厚和古今通达的写作新境界；二是他在
生活和写作中，常常在多种身份中变换，他从未将自己禁锢于某种
单一身份之中，这使他获得了众多从多元文化视角观察、学习和写
作的绝佳机会。

　　无论是血缘维度的"族群融合"，还是业缘维度的"身份变换"，
都说明铁穆尔的身份具有典型的模糊性特征，无法用整齐划一的族
群归属和刻板固化的职业身份来框定。身份的模糊性一定会导致
立场的模糊性吗？从他的作品中，笔者发现答案是否定的。作为一
个坚持不懈地破解"尧熬尔之谜"的作家，他这样定位自己的来路
和使命：

谢天谢地！我是因为有幸生长在这个神圣山脉的怀抱中，在他的庇护下才见识了那一个个可怖而迷人的角落，那触目惊心的人和事。（《蔚蓝色的山脉》，第55页，引自《苍天的耳语》，以下同例只注明篇名和页码）

20世纪的最末几年里，我以一颗狂野的心和难以实现的理想，以追寻和写作我们部族流亡的历史起家。于是，我成了这片人烟渺渺的雪山脚下的一个牧人作家。（《族群、历史和草原》，第79页）

我要在死之前写下这个偏远之地的不幸、痛苦、忧愁和温情，写下这个没有人知道的、将要灭绝的古老游牧部族。不，不，绝不能在死期之前死去。梦里，我独自在星光灿烂的草地上匆匆赶路……（《长满狗牙草的冬窝子》，第33页）

铁穆尔是当代文坛屈指可数的对尧熬尔族群、内陆亚洲历史和欧亚草原文化的"动情的观察者"。但他并不止步于此，笔下不仅描写可汗君王的言行业绩、刻画时代百姓的喜怒哀乐，而且还常常将"文化的透镜"对准自己。

卡迪哈尔，我们这样一直干了7天，像往常那样，严峻沉重的劳作一下子让人变得简洁而沉默。你爷爷、大姑和牛倌的艰辛让我心惊肉跳，那种劳累和艰辛我觉得有时简直可以比作炼狱。我心中惭愧、内疚和无奈。我蜕化了吗？从前我不就是和他们一样干活的吗？可如今我在舒适的房间里读书写作，确实和他们的生活有天壤之别。（《夏营地·夏营地》，第165页）

　　我知道取得社会的承认将一文不值，所有的成就最终都会被超越，所有的记录都会被打破，所有的名声都会褪色，所有的贡献都会被遗忘……唯有心灵的宁静是真正有意义的。(《蔚蓝色的山脉》，第 58 页)

　　随着国家现代化和经济全球化的全面展开，尧熬尔族群文化变迁速度的加快，许多优秀传统文化趋于濒危，甚至如气势恢宏、弥足珍贵的史诗《沙特》(意为"历史""史诗")等已经消亡，对此，绝大多数普通民众和文化精英都忧心忡忡。一如在中国台湾地区文化部门履职数年的著名作家龙应台在谈到"保存传统文化"时所说："我觉得保存传统文化，就像放风筝。当风筝越飞越高，风越来越大，风筝眼看就要脱线的时候，你的手抓得越紧。"[8] 在文化的十字路口，铁穆尔的立场是极为坚定的：既要在认识和思想上对族群优秀传统文化充满敬意，又要在现实和实践中尽力保存优秀传统文化。

　　那些纯粹的尧熬尔牧民，尤其是那些如今已罕见的古典式老牧人，那是一些恪守古风、从不为金钱作恶的人，他们对自己的部落和民族是那么重视、认真和自豪，对部落和民族的古代风物万般珍惜。他们崇拜大自然，能用心去体会大自然的意义，向所有的游牧民一样，这也就是古代萨满教和游牧民的传统。他们怀念过去那些穿白衣骑白马的萨满，坚信那是一些能产生奇迹和力量的人。他们推崇端庄的礼仪、安定稳固的社会秩序。(《尧熬尔之谜》，第 11 页)

如今，时间已到了公元 21 世纪的最初几年。壮丽的草原游牧生活的最后几天将迅速逝去，从前的一切都已结束，未知的一切已经开始。（《尧熬尔之谜》，第 15 页）

数百年来，我们这个族群与母体文化交流中断，历史记忆不断消失，太多的人忘记了自己的身份，忘记了自己正确的名字，而我们要努力做的就是不要忘记。（《"撑犁孤涂单于"》，第 170 页）

人类有许多不同的文化……人类的一切文化遗产都是我们要继承的，所有民族的文化都属于整个人类。我们每一个人都要承认少数族裔独特而伟大的文化，承认这些文化为整个人类带来的独特贡献……（《族群、历史、草原》，第 78-79 页）

一般来说，在当下全球化时代里"小民族"传统文化走向消亡的群体内部原因，常常可归结于文化失落导致身份焦虑，身份焦虑导致视野窄化，视野窄化进一步导致文化失落，如此循环往复，可谓命不久矣。铁穆尔的独特之处，就是他的视野不是不断"向内转"，而是不断"向外转"，他是一位从尧熬尔族群来观照和理解人类整体的作家。

卡迪哈尔，你知道吗？就是因为草原游牧文明，就是因为我出生的用绵羊毛制成的白色毡房，就是因为我后来成长的用牦牛毛织成的黑色帐房，就是因为祁连山的那一条条山脉、一座座高耸入云的悬崖绝壁和一片片草原，就是因为我放牧过的那些小牦牛犊，就是因为我骑过的马，就是因为帐篷前奔跑嬉戏的白的或黑的山羊羔，就是因为那个遥远地方不为人知的游牧部族神秘苦难的历史，就是因为这北方的高山大河间无尽的爱和恨……所以，我选择了以文学的方式发言，这是我活着的唯一目的和意义。我的读书写作与我的放牧生涯如影随形。在我们的家园——地球上的所有民族不同的文化，都是我学习的资源和力量的源泉。更重要的是，我要学会站在不同民族和文化的角度看世界，尤其是站在那些没有话语权的人们的角度看世界……（《苍天的耳语》，第 171-172 页）

如何利用游牧人的传统智慧解决人类的困惑，解决地球的污染和生态环境问题，是全世界面临的重大课题。在很大程度上，造成地球现在环境问题的主要原因就是游牧文明的衰落。要想恢复地球环境，需要借助游牧文明，需要借助许多不同的文明，而游牧民可能是恢复世界平衡与和睦的自然引导者。……（《族群、历史和草原》，第 89 页）

总之，铁穆尔虽然有模糊的身份，但他却有着坚定的立场。他是一个动情的观察者，观察和写作都充满尊敬、同情和批判的情感色彩。

三、历史感的抒写：叙事与认同

前文已述，1983—1987 年，铁穆尔就读于西北民族学院历史系，之后，他的调查、阅读和写作几乎从未离开过对历史的探索。实际上，他的第一本专著即为一本历史著作——《裕固民族尧熬尔千年史》[9]，最近出版的一部著作为口述历史著作——《在库库淖尔以北》[10]。他利用自己的历史专业特长，主编了两本地方志——《北滩乡志》[11]

和《祁连蒙古志》[12]，参与编写了包括《肃南裕固族自治县志》[13]和《大河区志》[14]在内的多部地方志，合作编著有《肃南县白银乡蒙古族历史与文化》[15]。除了这些历史著作和地方志之外，他的绝大多数文学作品中都有历史叙事，或者可以说，历史叙事是他的绝大多数文学作品的必要组成部分。中国散文家杨献平甚至评论道："铁穆尔在裕固族中所担当的角色，已经不是一个作家、散文家可以涵盖的，而是一个名副其实的裕固族'太史公'。"[16]

除了自己孜孜不倦的努力外，外在的社会政治环境和历史研究氛围也为铁穆尔的文学写作提供了时代条件和文化空间，可以说他生逢其时，赶上了中国历史研究百花齐放的又一个春天。1978年，中国实行改革开放政策。随着人们思想的逐步解放，"唯我独尊"的革命史学范式在学术政治神坛上的光芒不再，逐渐失去了红极一时的绝对支配地位，历史学的研究范式开始多元化了。也就是说，历史学界的目光逐步从官方的、革命的、精英的组织、群体和关键事件的历史转移到了下层的、边缘的、庶民的组织、群体和日常生活的历史上，从一元的革命史研究转向了多元的经济史、政治史、社会史和文化史研究。

铁穆尔的作品不仅具有文学意义，还具有历史意义，这几乎是文学界和学术界的一致评论。他的作品不仅为读者提供了审美享受和思想养分，甚至还直接参与了当代裕固族的文化变迁，是形塑当代裕固族文化的一种强有力的力量，包括笔者等在内的本族年轻一代，尤其是学者和作家，实际上都曾受到他的影响、帮助和鼓励，对他的人品很是敬重，对他的作品很是喜爱。不过更值得关注的是，他的作品充满了历史感，或者说，他的作品的主旨和特色就是对历史感的抒写。

何谓历史感，这是一个众说纷纭的问题。严格来说，要回答这个问题，还需要解析一个问题，即何谓历史。笔者赞同美国人类学赫兹菲尔德的观点，认为历史可做如下理解：第一，它是一个"由特定目的操纵的有意义的范畴"；第二，它可被看作"将过去应用于现在"的过程。他还特别指出，与国家层面的历史撰述所暗含的单一历史叙事不同，"人类学关注的则是单一的社会环境中体现出的多元历史，这种多元的历史往往是同一群人在社会、政治、文化困境这一系列紧急时刻所做出的反应"[17]60-99。历史感，从字面意义上看，是指对历史的感觉，但据笔者所知，中国学术界实际上有两种不同的"历史感"的阐释模式，一种是指"the sense of history"，多见于文学、历史学等学科；一种是指"historicity"，多见于人类学研究。人类学学者张原根据后一种阐释模式指出，"人类学强调，历史感作为人们关于历史的集体经验与文化理解，是由文化所确立的体验和理解历史的方式，系建构和再现历史的关键"[18]。从过程人类学视角看，历史感是人们把个体的生命史和共同体的整体史结合起来的过程中产生的深刻感受。

具体而言，从人类学视角分析《苍天的耳语》这部文集，我们可以看到以下几点：首先，铁穆尔的作品通过历史叙事来表征一种"创新与保守""现代与传统"之间的张力，即通过现代的书面文学表达对口头文学的认同和肯定，通过作家文学创作表达对民间文学创作的认同和肯定。裕固族学者钟进文较早发现了这种以铁穆尔作品为突出代表的裕固族当代文学现象，他称之为"民间叙事'文人化'现象"[19]。实际上，铁穆尔也坦言自己是靠对尧熬尔族群历史的追溯和写作起家的。从裕固族当代文学创作实践上来观察，笔者发现正是铁穆尔开辟出了书面文学与口头文学、作家文学与民间文学相互促进和提升的裕固族当代文学发展的基本道路，实际上，他本人除了文学创作外，还收集整理和翻译刊印了包括史诗《沙特》的片段在内的系列口头传统作品。

其次，由于本族文字回鹘文已经失传，裕固族当代文学创作基本上使用汉语进行创作，铁穆尔的写作常常要在尧熬尔语和汉语为基本表达工具的两种文化体系中不断转译，他坚持了本族语言表述优先的原则，特别是他坚持使用本族自称译音"尧熬尔"，实际上也正是在他的感召下，裕固族作家群通过集体努力已经把"尧熬尔"这个词成功输入了汉语。他写道：

> 尧熬尔，这个最少有 2400 年历史的名称，总是在中亚和北亚的人们身上唤醒自觉和不自觉的联想，这一词来自我最深情的语言——阿尔泰语系的母语。这一词不同于"裕固"这一新名词。(《尧熬尔之谜》，第 3 页)
>
> 尧熬尔之意就是：全人类联合起来。……目的就是为了在世界上彻底消灭暴力、战争、分裂、压迫和不平，让人类永远摆脱动荡岁月之苦。英雄要率领人民走向这个理想社会。尧熬尔一词的意义——全人类联合起来，就是古代草原游牧人民最好的理想。(《尧熬尔之谜》，第 1-2 页)

人们说尧熬尔就是古代强大的匈奴帝国、柔然汗国、突厥汗国、回鹘汗国和蒙古汗国的诸汗和战士们一脉相承的孑遗。……（《尧熬尔之谜》，第 10 页）

最后，尧熬尔族群历史跟内陆亚洲的许多草原族群一样，都是"基本线索清晰，具体细节不详"，历史记忆和文化事实更带有典型的复合性特征。这种状况，一方面给历史叙事带来了巨大的想象空间，另一方面给历史叙事带来了巨大的现实困难。铁穆尔的探索路径基本上是人类学式的，一方面利用田野调查所获经验资料与历史文献的相关记载相互求异和印证，一方面尊重和复述历史叙事的"主位观点"。铁穆尔认为：

归纳游牧的尧熬尔人的历史，归纳欧亚大草原上任何一个游牧部族的历史实在是一个非常麻烦的事，族源、文化和历史的重大变迁让人很难梳拢一个简要的梗概。（《族群、历史和草原》，第 75 页）

尧熬尔人模糊地知道自己是古代草原帝国的孑遗。他们所理解和领会的民族意识是这样的：大家都是额客·瑙特格辽阔草原上自由自在游牧的人民，都曾是草原英雄成吉思汗统率下的草原人，只不过彼此间的习俗和语言有所不同，所以分为图尔克（突厥）、蒙古、哈萨克、维吾尔、乌兹别克、塔塔尔、尧熬尔和吐蕃特等。凡是草原上的人，尽管习俗语言不同，但都是有亲属关系的兄弟姐妹。而成吉思汗的子孙阿勒坦·乌日吉氏族（黄金氏族）不仅仅存在于蒙古人中，而是遍布在所有的草原民族中……他们确实曾经组成过统一的共同体，但后来这个共同体分裂了。

无论怎么说，他们的这种心理、思维和意识是非常宏大而豪迈的。（《尧熬尔之谜》，第 9 页）

以文集《苍天的耳语》为焦点，整体观察铁穆尔的写作历程，笔者认为他的写作已经形成了较为稳定的历史感抒写模式。这个模式仍然是人类学式的，其最主要的历史观念，与自美国汉学家、蒙古学家拉铁摩尔（1900—1989）在其名著《中国的亚洲内陆边疆》[20]一书中阐发的中国边疆形态的整体性阐释模式以来，国内外现相关历史学家和人类学家阐发的历史观念不谋而合，即"从游牧社会发现历史"[21]2。这个模式有三个相互紧密关联的有机组成部分。

第一，以尧熬尔族群历史与文化为关注焦点和追溯核心（抑或起点和归宿），以亚欧大草原的文化连续体为想象空间，以内陆亚洲的历史连续体为叙述参照。他写道：

鄂尔浑，这是自匈奴时代到成吉思汗时代数千年内草原帝国可汗们的最佳驻跸地。从蒙古高原向北流向西伯利亚的鄂尔浑河，就是草原游牧文化的中心和诞生地，整个亚欧草原游牧帝国的生活方式在那里形成。（《尧熬尔之谜》，第 9 页）

在尧熬尔人的观念中，古代的那些草原帝国远非人们想象的是由单一的民族组成，而都是由一些多民族组成的国家。事实上，历史的真相也的确如此。（《尧熬尔之谜》，第 8 页）

其实，一个纯粹的尧熬尔牧人不仅可以和蒙古牧人、哈萨克牧人、维吾尔牧人和吐蕃特牧人很快打成一片，他还可以和相距很远的东欧草原的芬兰牧人和马扎尔牧人一拍即合，这是为什么呢？这是因为他们都植根于一个共同的文化传统——古代亚欧草原游牧文化。（《尧熬尔之谜》，第 13 页）

第二，以尧熬尔族群历史为典型例证阐发边缘历史观。从历史上看，尧熬尔主要的主体是回鹘人的后裔——"撒里畏兀儿"，是一个典型的阿尔泰语系族群，但是现实中她却生存在青藏文化圈、中亚文化圈、蒙古文化圈和中原文化圈的边缘交汇地带，是内亚诸族游牧文化和中原汉人农耕文化的直接接触地带，其文化则是典型的多元复合型文化。[22]67 单以突厥语论，裕固族和撒拉族是世界上最东边的仍在使用突厥语的族群，远离其文化母体——中亚突厥语文化圈。但尧熬尔族群所处的这种历史与现实的"边缘"，恰恰给铁穆尔的写作提供了支撑点，一如与他多有交往的中国台湾历史人类学家王明珂所言："所谓边缘观点或边缘研究，不一定是将边缘视为核心，而是努力发掘被忽略的边缘声音及其意义，及造成其边缘地位的历史过程，并因此让研究者对自身的典范观点（学术的和文化的）产生反思性理解。"[23]3 铁穆尔的作品就是尧熬尔族群"边缘声音"的"传声筒"，他力图让读者对自身的"典范观点"产生"反思性理解"，例如，有时他以"置身于外"的语气写道：

尧熬尔人和他们的远祖匈奴人一样，始终保持着纯粹而高尚的游牧生活。（《尧熬尔之谜》，第 4 页）

历史让他们成为一个在偏远群山草原的小族群。但是在这里，在外人看来荒凉而寂寞的地方，我无数次惊讶地看到了充满无比激情的生活，看到了一个个优异的生命。

他们没有因为自己出生在这个小小族群，而丢失苍天大地和祖先赋予的恢宏广阔的胸怀和斗霜傲雪的气质，没有丢失宁为玉碎、不为瓦全的牧人个性，他们非常清楚对一个真正的人来说无比珍贵的就是尊严和自由……（《每一颗草籽和每一个孩子都知道……》，第177页）

第三，以文化失落感为情感基调和氛围展开抒写。铁穆尔作品中的文化失落感，部分来自他对尧熬尔族群历史与现实的判断，更大的部分则继承自尧熬尔族群的口头传统。裕固族学者贺卫光和钟福祖较早发现并阐述了裕固族民间文学的艺术特色之一就是作品中弥漫着浓郁的悲剧色彩[24]161-162，贺卫光则进一步论述了裕固族传统文化的价值体系是一种失落感文化的观点，并且指出，作为一种文化模式，文化失落感在文学艺术中主要表现为孤独感、怀古情绪和救世主观念[25]88-94。可以说，铁穆尔的作品是上述观点的最佳例证。他写道：

尧熬尔是一首苍凉的古歌，静穆而深远，热烈而忧郁。
……
尧熬尔是远方传来的一声叹息。
尧熬尔是最后的爱。（《尧熬尔之谜》，第3-4页）

如今，他们零零落落地生活在吐蕃特人和汉人中，像一块远在天涯早已被风化的恐龙遗骸。（《尧熬尔之谜》，第 7 页）

以后，还会发生些什么呢？唉！失去天堂的人们。（《游牧纪实》，第 47 页）

我将走过那最后的河流、群山和草原。（《蔚蓝色的山脉》，第 58 页）

铁穆尔的这些充满感情色彩的叙事，通过读者（尤其是有相似生活经历的本族读者）的阅读实践，植入了一个被"现代性"从确定的"传统"中连根拔起无情地推向不确定的"现代"，抑或由传统文化急速衰落，甚至濒危消亡导致的认同焦虑与"逐水草而居""永恒的漂泊"这些关于游牧族群文化的经典想象相互激荡而生的社会文化情境中，产生了独特的差异美学效应和认同美学效应。换言之，阅读铁穆尔的作品，对于那些作为文化"局外人"的读者来说，他们（她们）更容易产生文化震撼（culture shock）的审美体验，而对于那些作为文化"局内人"的读者来说，他们（她们）更容易产生感同身受的深刻审美体验。实际上，这也是铁穆尔的作品广受读者欢迎的深层原因。

综上所述，笔者认为，铁穆尔写作的主旨和特色即为对历史感的抒写。换言之，对历史感的抒写已经成为铁穆尔写作的基本模式。从他的生活和写作的历程，至少可以从他的作品中清晰看出，对历史感的抒写中，叙事在形塑认同，认同也在形塑叙事。

四、结语：持续推进"铁穆尔研究"

笔者自 1994 年第一次接触到铁穆尔的作品——小说《牧人捷尔戈拉》起，之后的 20 余年来不断地阅读、分析和评论他的作品。近年来，笔者越来越强烈地认识到，铁穆尔的思考和写作是当代裕固族的一个文化奇迹——可以毫不夸张地说，他是裕固族第一位，但也很可能是最后一位拥有中世纪风格的"古典学者型作家"，如同那些渴望探索欧亚大陆的错综复杂的族群关系和推陈出新的文化变迁的前辈一样，他把宏观的历史视角、翔实的田野观察和简洁的叙述风格统一起来，融汇到一系列充满感情且直抵人心的作品当中。尤其令人惊叹和感慨的是，他的百科全书式的知识体系、处理庞杂信息的综合能力和优异的人际关系网络，在同辈和族内的作家群中，难有能望其项背者。

铁穆尔的实践与作品的意义是跨文化、跨族群和跨学科的。从 20 世纪 90 年代中后期开始，特别是进入 21 世纪以来，对铁穆尔的作品的解读和评论已经成为一个学术热点，产生了数十篇学术论文和评论文章，已经初步勾勒出了一个极富特色的主题研究领域，即"铁穆尔研究"。一如笔者曾经指出的，对他的作品以及"铁穆尔研究"本身，都可视作一个开放的文本，对于它们的理解和阐释，可以有许多不同的"版本"，我们应该对它们采取"生命"的态度[26]。笔者撰写本书的用意，即在"嘤其鸣矣，求其友声"，以便共同致力于持续推进"铁穆尔研究"。

参考文献：

[1] 编辑部 . 裕固族"人民作家"铁穆尔 [J]. 河西学院学报，2013（4）.

[2] 铁穆尔 . 星光下的乌拉金 [M]. 兰州：甘肃文化出版社，2006.

[3] 铁穆尔 . 北方女王 [M]. 兰州：甘肃文化出版社，2008.

[4] 铁穆尔 . 尧熬尔河 [M]. 北京：中国戏剧出版社，2013.

[5] 铁穆尔 . 苍天的耳语 [M]. 兰州：甘肃人民美术出版社，2014.

[6] 巴战龙 . 铁穆尔的写作旨趣及其意义 [J]. 阳关，2002（4）：34-37.

[7] 巴战龙 . 铁穆尔：非虚构文学写作实践及其他——裕固族文化精英书面访谈系列之一 [J]. 河西学院学报，2015（1）：21-25.

[8] 苏洁 . 龙应台：写作所达不到的 [J]. 中国新闻周刊，2014（20）：70-71.

[9] 铁穆尔 . 裕固民族尧熬尔千年史 [M]. 北京：民族出版社，1999.

[10] 铁穆尔 . 在库库淖尔以北 [M]. 乌兰巴托：索永布出版社，2015.

[11] 铁穆尔 . 北滩乡志 [Z]. 张掖：河西印刷厂，2004.

[12] 铁穆尔 . 祁连蒙古志 [M]. 西宁：青海人民出版社，2010.

[13] 甘肃省肃南裕固族自治县地方志编纂委员会 . 肃南裕固族自治县志 [M]. 兰州：甘肃民族出版社，1994.

[14] 肃南裕固族自治县大河区志编委会 . 大河区志 [Z]. 张掖：河西印刷厂，2008.

[15] 铁穆尔，图雅 . 肃南县白银乡蒙古族历史与文化 [M]. 北京：民族出版社，2014.

[16] 杨献平 . 苍天下：读铁穆尔散文集《星光下的乌拉金》[J]. 阅读与写作，2007（7）：33-34.

[17] 赫兹菲尔德 . 什么是人类常识：社会和文化领域中的人类学理论实践 [M]. 刘珩，石毅，李昌银，译 . 北京：华夏出版社，2005.

[18] 张原 . 历史人类学与西南地区商会研究史研究范式的建构 [J]. 中央民族大学

学报（哲学社会科学版），2015（2）：33-39.

[19] 钟进文 . 裕固族民间叙事的"文人化"现象 [J]. 民族文学研究，2014（4）：88-97.

[20] 拉铁摩尔 . 中国的亚洲内陆边疆 [M]. 唐晓峰，译 . 南京：江苏人民出版社，2005.

[21] 袁剑 . 人类学视野下的中国边疆史：代中译本前言 [M] // 巴菲尔德 . 危险的边疆：游牧帝国与中国 . 袁剑，译 . 南京：江苏人民出版社，2011：1-3.

[22] 巴战龙 . 学校教育·地方知识·现代性：一项家乡人类学研究 [M]. 北京：民族出版社，2010.

[23] 王明珂 . 化陌生为熟悉：新版自序 [M] // 王明珂 . 羌在汉藏之间：川西羌族的历史人类学研究 . 北京：中华书局，2008：1-4.

[24] 贺卫光，钟福祖 . 裕固族民俗文化研究 [M]. 北京：民族出版社，2000.

[25] 贺卫光 . 裕固族文化形态与古籍文存 [M]. 兰州：甘肃人民出版社，2002.

[26] 巴战龙 . 历史人类学视野中的"一九五八年"[J]. 社会科学论坛，2007（11·上）：107-119.

裕固族神话《莫拉》的灾害人类学阐释 *

一、引言

近年来，信息传播速度和传媒技术的极大提高，使得世界各地的人们"围观"灾害过程成为可能，也使得灾害对人们生活的影响急剧增大。没有多少抗灾和减灾意识和能力的人们突然间感觉到，灾害发生的频率、造成的损失、影响的广度和深度都有逐渐递增的趋势。这种"感觉"迫使人们思考，究竟该如何认识、理解和应对灾害，以及灾害对人类生活产生的影响。

毫无疑问，灾害在人类发展的历史长河中扮演着极其重要的角色，那么，人类的祖先是怎样认识、理解和应对灾害的？他们究竟是如何给我们这些自诩"科学""进步"和"文明"的子孙留下了弥足珍贵的经验教训？在把"传统"创造性地转化为"现代"的过程中，学术研究扮演怎样的角色？本书从灾害人类学的视角出发，以裕固族神话《莫拉》为例，试图对上述问题进行探究和阐释。

二、神话《莫拉》及其研究回顾

裕固族是中国人口较少民族之一，现在约有 1.4 万人，主要聚居在甘肃省张掖市肃南裕固族自治县和酒泉市黄泥堡裕固族乡，其

---

* 原载《民族文学研究》，2012 年第 6 期，第 113–120 页，收入本书时有改动。

祖先系公元 8 世纪在漠北草原建立汗国的回鹘。裕固族聚居区地势南高北低，可分为河西走廊川区和祁连山北麓山区两种形态。神话《莫拉》流传在肃南裕固族自治县境内的山区裕固人中。

本书所述的神话《莫拉》的文本，采用由乔维森和野枫整理、载于《裕固族民间文学作品选》一书中的版本[1]1-6。据笔者所知，以往相关专家学者的研究，所依据的都是这个版本。

神话《莫拉》的梗概是：裕固人来到祁连山下过着美好生活，可是山下有个雪妖常常兴妖作怪，给草原人民带来灾害；莫拉请教了爷爷，知道只有太阳神能降服雪妖，于是自告奋勇，挺身而出，不怕山高路远、艰难困苦，去拜太阳神学法讨宝；莫拉在民众和百灵鸟的帮助下，克服种种艰难险阻，到东海拜见了太阳神，讨要到神火宝葫芦，并向太阳神的守门女学习使用宝物的方法，但是只苦学到放宝方法，而收宝方法只学了大概就匆匆赶回家乡；莫拉在乡亲们的助威下，用神火宝葫芦在雪妖住的冰洞里燃起烈火，烧死了为害一方的凶恶雪妖；莫拉由于心急回乡除妖，忘记了收宝方法，怕大火烧了森林草原给家乡人民带来更大的损失，奋不顾身跳进火光中去拿回神火宝葫芦，他用肉体压住了喷火口，熄灭了大火，自己却被炼成了一座红石山，成为人们尊敬的英雄人物。

据笔者所知，在以往的研究中，并未产生对神话《莫拉》的专题研究，只是在论及裕固族民间文学和神话作品时，顺便提及《莫拉》，并做了一些内容情节与文化含义的简单分析。在十多位研究者中，较有代表性的是学者魏泉鸣、高启安、武文和裕固族学者钟进文。

　　较早论及《莫拉》的学者是魏泉鸣，他在《裕固族民间文学初探》一文中认为"《莫拉》是一篇民族风味浓郁的民间故事"，并与民间故事《神箭手射雁》并列，在概述内容情节后作了一般性的评述，"这两篇故事，情节完整生动，人物个性鲜明，语言明快流畅，极富民族风格和草原气息，他们不仅真实地反映了裕固族的共同心理素质、地域特点，也对研究裕固族的历史及其变革，有极可贵的参考价值。特别是对甘州回鹘王朝的建立，提供了可信的根据"[2]。

　　高启安是改革开放以来较早亲赴裕固族地区，通过田野调查展开民俗与历史研究的学者。他在《裕固族民间文学述论》中指出，"神话是人类与自然斗争的原始性幻想故事，是最早反映人类生活的文学形式。每一个历史悠久、文化古老的民族，都有自己的神话。在裕固族民间文学中，神话所占分量不多，且表现得断续和零碎"。他将《莫拉》归为神话，在概述内容情节后分析道："故事产生的特定现实基础即是祁连山严酷的自然条件和裕固族境内的红石山等。裕固族来到祁连山后，曾不止一次地遇到过暴风雪，给他们的生命财产造成了严重损失，神话即是裕固族人为适应环境与暴风雪斗争的真实写照。"[3]

　　武文是截至目前对裕固族民间文学最为系统的研究者，撰有专著《裕固族文学研究》[4]。在《裕固族神话中的原始宗教"基因"于民俗中的遗传》一文中，他首先认为："《莫拉》是裕固族英雄神话中最优秀的作品之一。它不仅是裕固族民族精神的象征，而且是裕固族日神崇拜的宗教概括。"接下来，他在概述内容情节的基础上，按照马克思主义文艺理论分析指出："《莫拉》反映的原始宗教意识是日神崇拜","处于童年时期的裕固族先民,赤手空拳与自然搏斗,唯恐力量之不足,于是悠然神往,便具有了日神崇拜的原始宗教意识。"他还进一步论述道:"裕固族的日神崇拜进一步证明了神话中的原始宗教'基因'遗传具有很强的生命力,它标志着历史发展的序列,'成为历史的代表者'。在这些'基因'遗传中,寄托着人民的美好愿望和追求,它对于维系一个民族的生存具有不可忽视的功能。"[5]

钟进文是改革开放后成长起来的第一代裕固族学者中的领军人物,对裕固族研究业已做出了杰出贡献。他在《萨满教信仰与裕固族民间文学》一文中依据神话《莫拉》指出:"日月星辰崇拜在萨满教世界里往往连在一起,相互辅助,彼此映衬。……太阳和火最初在人们的认识中是同一神灵,不分彼此,随着社会发展才逐渐有了区分界限。太阳是万物共享的神灵,而火神只有人间才拥有。《莫拉》的内容正好描述了先民意识里火和太阳逐渐分离的轨迹。但是作品也毫不掩饰地表现出了人们对从太阳神灵系统中派生出来的神火葫芦无法驾驭的恐慌心理。因此,太阳神崇拜与裕固族先民对世界的认识,渴望征服自然的心理需要有密切关系。"[6]

另外,值得一提的是,李德辉在《裕固族口碑古籍概述》一文中对裕固族口头传统作品作了相当详细的分类和描述。他虽未论及《莫拉》,但对裕固族神话作了概括性评述:"裕固族神话产生于裕固族原始社会初期,历史悠久,它和万物有灵的萨满教内容联系在一起,尤其和自然崇拜关系极为密切。内容主要有人类起源神话、日月神话、自然崇拜神话、飞禽崇拜神话、鬼怪神话、英雄神话等。

这些优美而富有神奇幻想色彩的神话，反映了裕固族的先民征服自然的强烈愿望和向大自然做斗争的勇敢精神。"[7]

从以上所述可以看出，专家学者对神话《莫拉》的研究有三个基本特点或主要结论：①均在"古典进化论"的理论框架中进行阐释，认为神话《莫拉》是原始或早期社会的产物；②均认为神话《莫拉》反映了与自然做斗争，渴望征服自然的强烈愿望；③神话《莫拉》与英雄崇拜和日神崇拜等原始信仰有关。上述研究都有一定的可贵之处，特别是极大地丰富了对裕固族神话及民间文学和宗教信仰的研究，但是从当代人类学的视角看来也相应地存在一定问题：①古典进化论的理论框架中的"人类的社会文化是变迁的"这一观点已经被社会各界普遍接受，但是关于"原始社会"的理论构建并不是基于人类历史发展的事实，因而备受诟病和攻击，目前在国际人类学界几乎已无人提及；②"斗争哲学"在中国近现代以来影响巨大，但是就神话《莫拉》而言，显然有宏大叙事和过度阐释之虞，也不符合裕固族传统文化中对"自然"的本土观点；③萨满教，至少在观念上至今仍然在裕固族民间存在，未必是"原始信仰"[8]116-122。

三、神话《莫拉》：对灾害的文化阐释

不同于自然科学将灾害视作一种自然现象进行研究，人类学作为一门横跨自然科学、社会科学和人文学科的综合性学科，主要把灾害视作一种文化或社会现象。实际上，只有那些对人类的文化系统和社会生活产生破坏性影响的自然现象，才会被人类视作灾害。

从历史人类学角度看来，神话是历史信息的载体，是对"过去"的选择性记忆和叙事，即使它是"被编造的过去"，我们仍然可以看出其中的文化语法和现实关怀。借用对游牧族群历史文化有着精深研究的历史人类学家王明珂的研究路径，对于神话《莫拉》，本书不遵"文化解释"（explanation of culture）的路径，而取"文化阐释"（interpretation of cultures）的路径。"文化解释"聚焦于文化事项的重建及其因果关系的探究上，而"文化阐释"则意在将文化事项看作一种表征，分析产生此表征的社会本相和历史目的[9]231-246。故此，从灾害人类学的视角出发，笔者力图对神话《莫拉》做出新的阐释。

（一）明确斗争对象：是灾害，而不是自然

神话《莫拉》非常明确地指出，人们斗争的对象是雪妖。在裕固语中，"莫拉"（[mula]，本书中裕固语均为用宽式国际音标转写的西部裕固语）是"男孩"的意思，有两种含义：一种是对男性儿童的统称；另一种是长辈对男性晚辈的称呼，也就是说，即使儿子已经成年，长辈仍可以用"莫拉"来称呼他。因此，"莫拉"实际上既是一种特指，又是一种泛指，所以可以得出——"莫拉 + 乡亲 = 民众"。"雪妖"则是裕固族口头传统中的"蟒古斯"系列中的一种。在裕固语中，"蟒古斯"（[maŋqəs]）是妖魔鬼怪的统称，尽管它的形象并不固定且变化多端，但"万变不离其宗"的是它为害人世的本质[6]。《莫拉》中栩栩如生地讲到了"雪妖"给人们带来的灾害："每当人们看见山下冰洞里冒出茫茫白雾的时候，那就是雪妖发脾气了。你瞧吧，不出一时三刻，狂暴的风雪就来了，一来就是十天半月。厚雪压盖了草原，人没有柴烧，牲畜吃不上草，小羊羔、小牛犊因为经不起严寒，也都被活活冻死了！"

　　总体来说，对裕固人生活有重要影响的自然灾害主要有雪灾、洪灾、旱灾、火灾、冰雹、沙尘暴、泥石流和地震等，但是不同的灾害种类对不同地区裕固人的影响也是不一样的。据笔者通过田野调查所获的有限知识，在操西部裕固语的裕固人中，"雪"被称作 [qar]，但值得注意的是，只有山区的裕固人中有"雪灾"（[qar şorɣa]，其中 [şorɣa] 的意思是"风夹雪"，这个词只在山区裕固人中使用）这个词，而川区的裕固人中则没有"雪灾"这个词。由此可见，雪灾更多地发生在山区裕固人中。

　　裕固人的原生信仰是广为人知的萨满教，直到今天它仍然是勾勒裕固人信仰世界的底色，大多数裕固人都相信其核心信条——"万物有灵"。在传统社会中，裕固人用"蟒古斯"这一深入人心的鲜活形象来表征"恶灵"，而"恶灵"的实质是为害美好人世，破坏社会秩序，有时甚至阻碍社会变迁。换言之，包括人本身在内的自然万物都有"灵"，但只有那些破坏美好生活，扰乱社会秩序的"灵"，才是"恶灵"，才有可能和资格成为人们斗争的对象。因此，在神话《莫拉》中，人们并没有把"自然"当作斗争对象，而是把表征"雪灾"的"雪妖"当作斗争对象。

　　在神话《莫拉》等口头传统作品所反映的裕固族传统文化中，自然从来不是人们征服或者保护的对象，自然也从未独立于人们的日常生活而存在，相反，自然就在人们的日常生活中，人们对自然的态度更像是某种实用主义和理想主义、象征主义和本质主义的"自然而然"的"杂糅"。文化是人类和自然间的桥梁和纽带，具体言之，正如在对神话研究做出杰出贡献的人类学家列维－斯特劳斯（1908—2009）看来，"看似千差万别的神话，都可以归结为'同一个神话'，即人类从自然向文化迈进的神话"[10]；广而言之，则正如人类学家赵旭东所言，"作为人，我们确实不是直接面对着自然，而总是会将活生生的自然转化成为人理想中的有着观念秩序的文化"[11]。根据十多年来持续性的田野观察，笔者发现在当代裕固族地区，对于自然的"征服论"和"保护论"（这是两种针锋相对的、"一根筋"式的论调，其中"征服论"更多地由政治精英所持有，"保护论"则更多地由文化精英持有，但其本质都是将自然"客体化"，从而制造出人与自然的二元对立），无论是作为话语还是实践，都是极为典型的"现代性"的产物，它的后果就是"按住葫芦浮起瓢"（即在解决此问题的过程中又制造彼问题）。可以说，那种认为"神话《莫拉》反映了与自然做斗争，渴望征服自然的强烈愿望"的观点，是基于作为"现代性"意识形态的"斗争哲学"做出的过度概括化的判断，而非基于神话《莫拉》所表征的社会本相（即人类恢复或重建受灾害影响，但又为生存所必需之资源和价值体系的总体性努力，它包括物质和精神、实践和心智等方面内容），以及孕育和传承该神话的族群文化脉络的阐释。

（二）强调社会资本：战胜灾害，民众的支持和参与至关重要

长期以来，"实体论"支配着人们对于资本的认识和理解，更由于深受作为现代西方社会理论三大鼻祖之一的马克思对于资本主义这一建立在市场交换基础上的经济企业体系的研究的影响，一提到资本，人们会马上想到能够获利的货币、机器和产业等资产。但是，随着"关系论"在当代社会理论中的崛起，人们对于资本的认识和理解发生了巨大的变化，"社会资本"就是在这一社会理论转型的背景中发展出来的新概念，由社会人类学家皮埃尔·布迪厄（1930—2002）在 1980 年发表的《社会资本随笔》一文中正式提出 [12] 353-355。

　　目前，"社会资本"已经成为社会科学的热门词和关键词。尽管社会资本的定义是随着研究的深入被不断争议拆解和拓展深化的，不同的学者囿于不同的学科背景、理论传统和学术范式常常在不同的视角、范畴和层次上理解和使用它。人类学，至少社会人类学对社会资本的理解，与社会学的理解较为一致，即"社会资本是指相互依赖的社会网络，共享如何采取行动和相互间的信任，这些有助于我们达到共同的目标" [13]338。

　　在神话《莫拉》中，我们可以看到，和许多自然灾害的应对过程一样，面对雪灾，集体行动的困境也存在于裕固人中。神话中讲道：起初，裕固人过着美好生活（"祁连山下好牧场，牲畜肥壮牧人喜洋洋"），可是有个雪妖脾气大，常常兴妖作怪，在较短时间内（"不出一时三刻"）带来致灾因子（"狂暴的风雪"），在较长时间内（"一来就是十天半月"）给草原上的人们带了生活秩序紊乱（"厚雪压盖了草原，人没有柴烧，牲畜吃不上草"）和直接财产损失（"小羊羔、小牛犊因为经不起严寒，也被活活冻死了"），面对雪妖，人们给它烧香磕头，但这个住在山下冰洞里的"大水妖"不为所动。通过向爷爷请教，莫拉得知不能除掉雪妖的原因有二：一是"雪妖神通广大，谁也不敢动它"；二是人们知道"只有太阳神能降服它"，"可是，太阳神住在东海里，山高路远"，没有人"能去向他学法讨宝"。

纵观人类的口头传统，能破解"集体行动困境"的，常常不是始祖神灵就是英雄人物，在神话《莫拉》中，莫拉就是这样的英雄人物。在神话的叙事中，莫拉是一个具有英雄人物典型特质的草原儿子：他有嫉恶如仇的正义感（"平日里看着雪妖老是那么作恶行凶，心里气得不得了"），有坚忍不拔的毅力，能克服重重艰难险阻（越过"刀刃崖"，射死"黑虎精"，跨过东海的"大海汪洋"），到了太阳神的宫殿并在那里学法讨宝，在回乡途中宝马衰老累死只好徒步走回，前后用时八年；回乡的第二天他就作法降妖，用"神火宝葫芦"除掉了"为害千百年的凶恶雪妖"；但是由于急于降妖而学艺不精，无法收回"神火宝葫芦"，大火燃烧不息，为了不造成更大的灾难，情急之下，果敢地以肉体压住喷火口，火熄人亡，他被炼成了一座红石山。

英雄人物的出现，固然打破了"集体行动的困境"，只是单凭英雄人物能力和意志，不可能战胜灾害。神话《莫拉》中，在突出英雄人物莫拉的难以估量的巨大作用的同时，还昭示出这样的道理：战胜灾害，民众的支持和参与至关重要。莫拉从爷爷那里得知不能除掉雪妖的原因后，做出了大胆的决定——要拜太阳神学法讨宝，降服雪妖。这个以维护公共利益为目的的惊人举动成功地激活了社会资本，为莫拉赢得了社会声誉，获得了东西南北的人们赠送的四件宝物，为后来战胜重重艰难险阻提供了条件和保障。在万人欢呼的送行之后，当年复一年不见莫拉回来，人们哀叹莫拉可能永远回不来了。可是，莫拉却以难以置信的毅力克服困难，学法讨宝，满身风尘回到家乡，从出发到归来共耗时八年。当他作法降妖时，再次动用了社会资本——"乡亲们擂鼓鸣锣，远远跟着，替他助威"。没有乡亲们，没有百灵鸟，没有太阳神及其守门女，莫拉是断不可能除掉雪妖的。莫拉之所以能激活、拥有和动用战胜雪妖的社会资本，归根结底来自于他无私的目的、果敢的行为、惊人的毅力和英勇的牺牲。

时至今日，无论是灾害的紧急应对，还是灾后的恢复重建，人们都已发现并重视社会资本这种能实现共同目标的资源，注重培育和拓展、集聚和发挥个人或组织、社区或族群的社会资本在灾害治理中的重要作用。神话《莫拉》告诉我们，这很可能不是现代学术的独特贡献，而是人类先民的古老智慧。

（三）传递代价意识：英雄牺牲作为付出代价的隐喻

何谓灾害，这是所有致力于灾害研究的学者都要回答的核心问题。然而灾害研究中对于这个核心概念的认识和理解却是众说纷纭，莫衷一是。[14] 尽管如此，通过分析大量的灾害定义，人们仍然发现了一些共有要素："①对人们造成影响；②通常由一种致灾因子引起；③与脆弱性直接相关；④超出家庭、社区或群体的应对能力；⑤社会进程发挥重要作用；⑥更多是与社会，而非自然现象有关。"[15]8 联合国国际减灾战略（UNISDR）在"关于减轻灾害风险的术语"

（*Terminology on Disaster Risk Reduction*）中对灾害的定义为："一个社区或社会功能被严重破坏，伴随着超出受到影响的社区或社会能够动用自身资源去应对的广泛的人员、物资、经济或环境的损失和影响。"[16]

由上述讨论可知，致灾因子出现并不一定造成灾害，只有致灾因子与人类脆弱性相互作用，并造成人们难以应对的损失和影响时灾害才会发生。裕固族山区雪灾的发生，与当时、当地的生态环境和人们的生计方式、社会组织都有一定的关系。1959 年时，裕固族地区并不像现在是不连片的"三块"（"东南块"是张掖市肃南裕固族自治县皇城镇；"中部块"是肃南裕固族自治县康乐乡、红湾寺镇和大河乡；"西北块"是"肃南裕固族自治县明花乡和酒泉市肃州区黄泥堡裕固族乡"），而是口碑记忆中的"南山北滩"（"南山"大致是"中部块"外加与之相连但已划归青海省祁连县的八字墩、友爱等地，"北滩"大致是"西北块"）。已如上文所述，雪灾常常发生在生活于"南山"的裕固人中。"南山"系祁连山中段，青藏高原的北部边缘。这里的裕固人主要以放牧马、牛、羊为主，常年游牧在海拔 2000 ~ 4000 多米的高山地区，即使是冬春草场海拔也在 2000 ~ 3000 米，属于中国境内畜牧经济文化类型的四个亚类型之———高山草原畜牧型，生态环境和生计方式都决定了容易发生雪灾。传统上，裕固族内部实行部落联盟制，社会组织结构简单，即"家"或"帐"（[jy]）是社会基本单位，"家"之上是"户族"（[døhtʃin]），有时不同的"户族"的"家"或"帐"小规模地相对聚居在一起形成"聚落"（[ail]），"户族"之上是"部落"（[uhdaɣ]），加上地广人稀，交通不便，社会网络单薄，灾害应对能力薄弱。早在公元 840 年回鹘汗国崩溃之前，裕固人的祖先回鹘人就与佛教有所接触，回鹘汗国崩溃后大部部众迁入河西和西域，改宗佛教，虽几经更迭，无论是西域佛教还是藏传佛教，其基本教义都宣扬人生是痛苦的历程，人生的理想境界就是超出轮回，达到涅槃[17]7-9。这一方面激励了人们自我牺牲的热情，其众生平等、慈悲为怀的精神也激励了人们在灾难来临时能相互扶持、共渡难关；但另一方面，人生和俗世本是苦海的悲观论调则不利于灾害应对工作的展开。

灾害常常给人们的生命和财产带来威胁、损失和影响，但是要战胜自然灾害，人们也要付出一定的代价。神话中莫拉的牺牲，一方面可以理解为一种惩罚，由于没有学会收宝方法而付出的必然代价；另一方面可以理解为面对灾难，为维护公共利益、破除集体行动困境挺身而出、大有作为之后的或然代价。正是莫拉的英勇牺牲唤醒了人们的代价意识，可以说，代价意识是痛定思痛之后的"文化自觉"，神话《莫拉》正是先民向后辈传递代价意识的"活教材"。

值得注意的是，神话《莫拉》把莫拉在乡亲们、百灵鸟和太阳神及其守门女的帮助下除掉雪妖的过程明确地叙述为一个"做中学"（learn by doing）的社会过程。实际上，人类的历史就是一个不断付出痛苦代价，并在其中反思和成长进而取得进步的过程，所谓"吃一堑，长一智"讲的就是这个道理。代价意识的觉醒对于人类的发展至关重要，发展意识的核心就是成熟的代价意识，所谓"痛苦的代价是引领人类发展的最好向导"讲的就是这个道理[18]212-213。

四、结语：当代学术研究要生产反思性知识

与其他生物不同，只有人类会不停地追问意义。如上文所述，神话《莫拉》真正意义是它在向人们昭示，面对灾害，首先，要明确斗争对象是灾害而不是自然或其他；其次，要重视社会资本的作用，因为民众的参与和支持至关重要；再次，战胜灾害的过程也是一个付出代价的过程。总而言之，人们战胜灾害的过程，是一个从实践中学习的过程，人类的历史，是一部从代价中学习的历史。

神话既不是"被编造的过去"，也不是与"当下"隔膜或无关的"遥远的过去"的产物，更不是社会科学和人文学科者用于自我把玩的"历史垃圾箱"中的宝贝。恰恰相反，神话与人类现代社会和当下生活息息相关，亦如加拿大著名的文化批评家弗莱（1912—1991）曾指出的，"神话描述的并不是过去发生的事实，而是正在发生的事实"。[19]3

对神话《莫拉》的研究长期囿于"古典进化论"框架内的"斗争哲学"而未获实质性的进展。在本书中，笔者响应历史人类学家王明珂的号召[20]，发掘神话《莫拉》那些未被前辈学者察觉的思想和意义，进而确认包括神话研究在内的当代社会科学和人文学科研究更重要的是去生产反思性知识而不是仅仅寻求客观规律，是追求多重意义的阐释而不是因果关系的解释。广而言之，学术研究的直接目的是生产知识，但是终极目的却是形塑美好生活。所以，只有那些祛除"斗争哲学"等诸种意识形态之濡染和遮蔽的、真正关怀现实/现世的学术研究，才是最有价值且极有可能传世的知识生产活动。

参考文献：

[1] 安建均，等.裕固族民间文学作品选[M].北京：民族出版社，1984.

[2] 魏泉鸣.裕固族民间文学初探[C]//赞旦卓尕.裕固族研究论文续集（下）.兰州：兰州大学出版社，2002：109-120.

[3] 高启安.裕固族民间文学述论[C]//赞旦卓尕.裕固族研究论文续集（下）.兰州：兰州大学出版社，2002：121-140.

[4] 武文.裕固族文学研究[M].兰州：甘肃人民出版社，1998.

[5] 武文.裕固族神话中的原始宗教"基因"于民俗中的遗传[C]//钟进文.中国裕固族研究集成[C].北京：民族出版社，2002：328-332.

[6] 钟进文.萨满教信仰与裕固族民间文学[C]//钟进文.中国裕固族研究集成.北京：民族出版社，2002：332-336.

[7] 李德辉.裕固族口碑古籍概述[C]//赞旦卓尕.裕固族研究论文续集（下）.兰州：兰州大学出版社，2002：150-170.

[8] 巴战龙.学校教育·地方知识·现代性：一项家乡人类学研究[M].北京：民族出版社，2010.

[9] 王明珂.英雄祖先与弟兄民族：根基历史的文本与情境[M].北京：中华书局，2009.

[10] 黄建波.千差万别的神话可以归结为"同一个神话"[N].中国民族报，2011-11-29.

[11] 赵旭东.人类学作为一种"文化的表达"[J].贵州社会科学，2008（9）：17-24.

[12] 李小云.普通发展学[M].北京：社会科学文献出版社，2005.

[13] 威特.社会学的邀请[M].林聚任，等，译.北京：北京大学出版社，2008.

[14] 李永祥.什么是灾害？——灾害的人类学研究核心概念辨析[J].西南民族大学学报（人文社会科学版），2011（11）：12-20.

[15] 联合国教科文组织.减轻灾害风险教育教师支持材料(高等师范院校教师用)[Z]. 北京，2010-04.

[16] 联合国.联合国国际减灾战略术语（英文）[EB/OL].[2012-01-27] 百度文库，http：//wenku.baidu.com/view/8c28f56b561252d380eb6ec7.html.

[17] 杨富学.回鹘之佛教 [M]. 乌鲁木齐：新疆人民出版社，1998.

[18] 王晶雄，王善平.社会发展：反思与超越——马克思主义社会发展理论研究 [M]. 上海：学林出版社，2008.

[19] 格尔茨.追寻事实：两个国家、四个十年、一位人类学家 [M]. 林经纬，译.北京：北京大学出版社，2011.

[20] 王明珂.反思性研究与当代中国民族认同 [M] // 何成洲.跨学科视野下的文化身份认同.北京：北京大学出版社，2011：98-119.

裕固族语言文化遗产保护问题探究 *

一、引言

据 1997 年出版的《剑桥语言百科全书》统计，世界上现存
6700 种语言，其中，亚洲是世界上语言多样性最丰富的地区，有
2165 种语言，占全世界现存语言总数的 32.3%[1]164。裕固族，一个目
前人口只有约 1.4 万人的中国人口较少民族，却拥有亚洲 2165 种语
言中的两种语言，这两种语言都是这个民族的本族语言，分别称为
"西部裕固语"和"东部裕固语"。

对两种裕固语的研究历来是裕固族研究的重要组成部分，特别
是对西部裕固语的研究堪称裕固族研究皇冠上的明珠，这不仅仅是
因为对西部裕固语的研究已经构造了一个国际化程度较高的、连
续的学术谱系，造就了五位学术大家——马洛夫（1880—1957，俄
罗斯族）、捷尼舍夫（1921—2004，塔塔尔族）、陈宗振（1928—
2018，汉族）、雷选春（1932—2015，汉族）和钟进文（1963—，
裕固族），而且因为对这种自清朝末年以来使用人口就未超过 1 万
人的语言的研究已经成为突厥语言学和裕固族研究的"发动机"，
其学术水平逼近世界语言学研究一流水平 [2]。进入 21 世纪以来，对

---

* 原载《暨南学报》（哲学社会科学版），2010 年第 4 期，第 92-97 页，收入本
书时有改动。

西部裕固语研究的强劲势头不减，目前已有 3 本著作问世，分别是荷兰学者玛蒂娜·茹斯的《西部裕固（黄裕固）语：语法、文本和词汇》[3]、中国学者陈宗振的《西部裕固语研究》[4] 和钟进文的《西部裕固语描写研究》[5]；已有相关论文集 4 本问世，分别是钟进文主编的《中国裕固族研究集成》[6] 和《国外裕固族研究文集》[7]，赞丹卓尕主编的《裕固族研究论文续集》（上、下册）[8]。特别值得一提的是，2005 年10 月，陈宗振的《西部裕固语研究》获得了第十一届"北京大学王力语言学"一等奖。

从语言人类学的角度回溯性地观察对两种裕固语的研究，可以清晰地看出专家学者的兴趣聚焦在探究两种裕固语的结构上，在两种裕固语的使用情况和未来发展方面则调研不足、着墨不多且思虑不深。笔者自 1996 年至 2009 年坚持在裕固族地区从事人类学田野调查，期间收集了较为系统的裕固人对裕固语的使用现状和未来发展所持有的态度和观点、立场和诉求方面的田野资料，已经发表了4 篇论文专门论述相关问题 [9]-[12]。本书拟在从主位视角对裕固语使用现状进行描述的基础上，从发展人类学的视角对裕固族语言文化遗产保护问题作出分析。

二、两种裕固语的使用现状："主位的视角"和"土著的观点"

裕固族主要聚居在甘肃省张掖市肃南裕固族自治县和酒泉市肃州区黄泥堡裕固族乡。由于历史上的种种原因，黄泥堡乡的裕固族至少在清朝末年就已经放弃使用本族语言，转用汉语酒泉方言，所以目前在日常生活中坚持使用本族语言的裕固族主要聚居在肃南裕固族自治县境内。其中,使用西部裕固语的裕固族主要聚居在红湾寺镇、皇城镇、明花乡和大河乡,使用东部裕固语的裕固族主要聚居在红湾寺镇、皇城镇和康乐乡,兼用两种裕固语的一小部分裕固族主要聚居在大河乡。

两种裕固语同属阿尔泰语系,但分属不同的语族,其中西部裕固语属于突厥语族,东部裕固语属于蒙古语族。虽然两种裕固语是两个语族中关系最亲近的语言,拥有一批共同的词汇,但是除兼用两种语言的人们之外,分别使用两种语言的人们相互之间并不能以本族语实现交流,而是以汉语方言作为共同交际语。历史上,裕固族的先民曾创造并使用回鹘文,但是回鹘文没能沿用下来,最迟至 16 世纪中后期就已退出了历史舞台,之后裕固族社会上层和宗教界曾一度使用藏文,临近汉人社区的部分裕固族先民开始使用汉文。中华人民共和国成立后,特别是 1958 年之后,裕固族人民开始广泛接受并普遍使用汉文。

从十多年的田野调查资料和相关文献研究资料看,目前两种裕固语的活力明显降低,已均为濒危语言,其使用现状可以概括为:①当前,裕固族人口约 1.4 万人,但是会说裕固语的人只占总人口的 1/2,换句话说,将近一半的裕固人实际上已经不会说裕固语了;②由于人口移动频繁和语言生态环境的变化,实际上在日常生活中能坚持使用裕固语的人只有 5000 ~ 7000 人;③裕固族语言使用类型已经多样化,即多为西部裕固语—汉语、东部裕固语—汉语兼通人和汉语单语人，但是兼通裕固语—汉语的人数正在减少，而汉语单语人的人数正在增多，兼通西部裕固语和东部裕固语人数正在减少，兼通东部裕固语和藏语的人数也正在减少；④新增人口中，裕固语单语人口所占比例正在迅猛下降，汉语—裕固语双语人口所占比例，尤其是汉语单语人口所占比例正在急剧上升，换句话说，裕固语使用人口高龄化趋势和年龄结构性断裂特征相当明显；⑤如果任由当前的语言发展趋势持续下去，裕固族语言使用趋势将是包括双语人在内的多语人人数急剧减少，汉语单语人人数急剧增多，在裕固族地区公共领域包括裕固语在内的少数民族语言使用将急剧萎缩。

对上述裕固语的使用情况，裕固人有着自己的态度和观点。以德国社会学家马克斯·韦伯（1864—1920）的理想类型（ideal types）为分析工具，可以粗略划分出三种类型的态度和观点。

第一种类型是"理性悲观型"，只有很少一部分人持有此类型的态度和观点，其核心是认为民族发展是一个不以人们的意志为转移的、理性的社会过程，裕固语可能最终会被汉语取代。在2004年的田野调查中，一位在本地出生成长和生活工作的乡级行政干部在回答笔者是否有必要在学校进行裕固语教学的问题时说：

我是土生土长的明花人，一辈子工作没出过明花。从我的观察来看，草场退化的速度特别快，以后这个地方能不能住人都是个问题。学校里面教裕固话也好，教有关裕固族的其他东西也好，已经不行了，来不及了。我们裕固族没有文字，娃娃学下个啥东西都容易忘，不像藏族，有自己的文字，啥都好办。再说了，现在明花的发展得靠科学养畜，说裕固话能学下科学么？现在我们裕固族的娃娃，上学出去以后连肃南都不想回，不要说回明花了，会说裕固话有啥用呢？以前明海的娃娃上学以前不会说汉话，现在呢？大人都是裕固族，都会说裕固话，娃娃（竟然）还有一句都不会说的。明海的学校里面现在没有裕固族（老师），娃娃跟着老师学了一天，其实他（她）啥也不知道，不会说汉话的娃娃学习太困难。说起来，这个语言不能丢，这都是大话。我的娃娃在家里，他们都说汉话，我能怎么样呢？我们两口子、老人都说裕固话，娃娃就不说（裕固话）。说啥都迟了，教裕固话已经没有必要了。[13]233-234

第二种类型是"身份焦虑型"，绝大部分裕固人持有此种类型的态度和观点，其核心是认为使用裕固语是裕固族最重要的文化特质，裕固语的消失会使裕固族失去构建文化边界的凭借，进而使裕固人的身份认同失去可资利用的文化资源。2007 年的田野调查中有人谈道：

2007 年的自治县政协会议上，我们给县政协提案委员会提交了一个提案。这个提案主要是说，我们裕固族没有文字，现在有 70% 的语言流失了，说汉话的人越来越多。我们这个提案就是想让裕固族语言延续得更长一些。我们希望学前班、小学一至二年级，甚至到三年级能开展裕固语教学。这个事情，我们裕固族本身要努力。我们莲花的娃娃在上小学之前都会说裕固话，现在学校撤掉了，娃娃哪里上的都有，主要在下河清、金塔、肃南等地借读，一上小学，裕固话马上就退化了，慢慢就不会说了，主要是没有人和他们说自己的语言。

我们小时候，裕固话的影响力很大，汉话的影响力很小，所以我们都说裕固话。现在，裕固话影响力很小了，汉话的影响力倒大了。我家是一个儿子，两个丫头。儿子在双海子村，一个丫头嫁到前滩，另一个丫头嫁到兰州。我的家孙子会听但是不会说，前滩的外孙子不会听，也不会说。兰州的外孙子去年领回来蹲了半年，也会听一点，会说个一半句。

我们说，既然有裕固族这个民族，我们就得有特色，就得有个明显的标志。我们说，语言、风俗习惯，特别是婚丧事情是一个民族的特色。语言很重要，没有语言，我们这个民族就没有特色了。[14]168

2009 年的田野调查中，一位老者说：

现在裕固族娃娃的裕固话说得不行得很。皇城这个地方，马营说的是西部裕固话，保留得还可以，娃娃们现在还说着呢。东滩说的是东部裕固话，娃娃们说得还行呢，其他地方的都不行，娃娃干脆不说的很多。在皇城，现在交流开，50 岁以下的基本上说汉语，50 岁以上的基本上说裕固话。

第三种类型是"谨慎乐观型"，在族群文化精英和普通民众中都有一小部分人持有此种态度和观点，其核心是社会发展将促进裕固族的文化自觉和教育发展，现在和将来都可能有（会有）一种（些）办法和措施使裕固语保持、延存下去，甚至可能复兴起来。2007 年的田野调查中，一位女性"生态移民"说：

老家里是我们的根，前几年过年的时候回去过。人变化起来也快着呢，现在回到老家里又不习惯了，人家子太分散，喧个慌也没地方去，急得蹲不住了。老家里人家子分散的好处就是娃娃的裕固话说得还可以，这里不行，娃娃也不知道咋了，自己慢慢就不说了，会说也不说了，在这里生下的娃娃说汉话的就多了。风俗习惯好多都没有了，我们这个民族咋办呢？我们也不知道。先把日子过好吧，挣下些钱，供着娃娃上个学。娃娃们有文化了，出去见过世面了，有了本事了，我们才能知道我们这个民族将来咋办呢[14]139-140。

2009 年的田野调查中，一位族群文化精英说：

我们的语言应该能够保住。要想保住，一个是要有语言词典，一个是幼儿园的语言班要坚持住。幼儿园的语言班主要是给娃娃打个基础。小学阶段娃娃基本上都不离开家长，家长尽量在家里说裕固语，这样娃娃学语言也有个语言环境，时间长了也能学下。将来娃娃十七八岁到外面上学，渐渐对民族文化认同的意识加强了，再用词典学本民族的语言。我的丫头子去年到外面上学去了。上了两个月，就打电话回来给我们说，你们就坏得很，不给我们教我们的语言。原来我和她妈妈在家里说裕固语，她就来把我们的嘴堵住，不让在家说裕固语，现在又要学裕固语了。我就说，你回来我给你教。

回来以后我就给她教了。

裕固语的使用，基本上下一代比上一代的词汇量都小着呢。原来裕固语中，对一个事物有很多种说法，到了将来可能只能保住一种说法，其他说法都丢掉了。这么个下去，将来说没有语言吧，好像吃喝来去也能说上，你说有语言吧，确实又太简单了。将来的情况到底是怎么个，不好说。

这三种类型的态度和观点，在田野资料中有一定的代表性。但是，在裕固语的"消亡"与"延存"这两个端点中间有一个类似连续的光谱之存在，也就是说，关于裕固语的使用现状与未来发展问题，实际上并不仅有一种"声音"，而是存在着多元的态度和观点。

三、两种裕固语作为文化资源：发展人类学的检视

人们对事物认识的深度和广度，往往可以从对该事物所下的定义中看出来。在当前流行一时的人类学教科书或试图说明当代人类学研究前沿的专业读物中，均可看到对语言的"近似定义"，它们可能是：① "语言是声音或姿势系统，当这些声音或姿势按某些规则组合起来，就产生所有说话者都可理解的意义" [15]99；② "语言是一个符号系统，符号的主要功能是指示" [16]177；③ "什么是语言？一言以蔽之，语言是象征符号式交流" [17]67。从上述定义可以看出，人类学把语言看作一个符号系统。无独有偶，类似语言的人类学定义，"社会语言学研究通常把语言视为交际系统和表意系统" [18]40。这些自认准确的定义，到了社会大众那里，衍化出一个被普遍接受

的"功能主义"式的定义："语言是一种人们进行交际的工具"，进而形塑出语言的"交际工具论"。

在人类社会进入所谓"现代化"的历程之初，语言问题就处在时代的风口浪尖上，一时间众说纷纭，莫衷一是。今天回头检视，在西欧国家"民族语言"与跨国贵族阶层化的"拉丁语"间的殊死斗争中曾被"革命"的理想图景——"语言单一制"，向来没有真正离开过人们的头脑，即使被视为理论语言学和整个 19 世纪语言哲学系统的缔造者的德国语言学家洪堡特（1767—1835）在其备受称颂之论文《论人类语言结构的差异及其对人类精神发展的影响》中所提出的极具激发力的观点——"每一种语言里包含着一种独特的世界观"也早已被遗忘了[19]。那些曾经备受压迫和欺凌的西欧"民族语言"没过多久就摇身变为新的"权贵语言"，沦为对其国内"语言少数群体"进行语言同化、经济剥夺和社会压迫的新型政治工具。

"语言单一制"背后深深埋藏着形塑现代国家建设策略的理想图景——"民族—国家"（nation-state）。反过来，"民族—国家"的理想图景也最深地鼓舞着人们对"语言单一制"的想象和追求。"民族—国家"的核心信条就是"一个民族，一个国家"，但是，直到今天的全球社会中，绝大多数的国家都不是单一"民族"组成的国家，而是多"民族"组成的国家。因此，一方面，许多西方国家都采取了更为隐蔽的做法或策略，例如在 20 世纪 70 年代多元文化主义思潮兴起之前，在学校教育等公共领域规定必须使用某种"官方 / 准官方语言"等，这些做法或策略常常以"社会达尔文主义"的种种变种为其正当性逻辑的理论基础[20]；另一方面，语言少数群体反对"语言单一制"政策，坚持自己的文化认同，坚决要求其文化认同的诸种特征在主流 / 公共生活领域得到承认，其中他们把语言多样性看作人类社会的本质特征之一。与此同时，他们也把"文化多元主义" / "多元文化主义"作为其行动和策略的正当性逻辑的理论基础[21]。

"语言单一制"与语言的"交际工具论"相辅相成，互为引证。但从发展人类学的视角看来，语言从来就不仅仅是语言，而是关涉政治、权力和资源的"飞去来器"，换句话说，"所有语言的命运都是一种政治和社会因素，以及权力关系作用的结果"[22]113-114。

在十多年来的田野调查中，笔者越来越强烈地感受到裕固人因为社会变迁导致的、包括语言在内的本族文化遗产消亡所带来的深深的"身份焦虑"和"社会痛苦"，了解到一种当地民众所普遍持有的朴素的观点。这种观点最常见的逻辑是："如果你不会说裕固话，你就不是裕固人。"也就是说，裕固语已经成为证明裕固族是一个现实存在的最后的凭证（当地人民的说法是"裕固语是裕固族的最后一把金钥匙"）。这是可以理解的。一方面，在裕固族文化研究中，"裕固语独特论"长期以来占据着相当重要的地位，这无意中强化了"语言民族主义"的观点；另一方面，一般来说无论是会说裕固语的裕固人，还是不会说裕固语的裕固人，都对本民族的两种语言有着较为深厚的情感。可以说，裕固人并不仅仅把裕固语看作交际工具，而是把它看作塑造自己身份认同的典范文化资源，哪怕它们只是一种象征性的存在。现实的案例挑战着"工具理性"支配的语言的"交际工具论"，印证着"价值理性"支配的语言的"文化资源论"。由此，反思中国当下现实存在的以语言的"交际工具论"
为基础的"语言等级论"是迫在眉睫、非常必要的。其典型的论调
是：学习少数民族语言走不出少数民族地区，学习汉语走不出中国，
学习英语走遍世界。当然，其荒谬之处也显而易见，即使发达如美
国人者，也并不是人人都能走遍世界。

　　语言虽然不是一个民族文化的全部，但是它却是一个民族最重
要的文化特质和社会财富。裕固族现在没有本族文字，以裕固语为
载体的口头传统，正在随着裕固语使用频率的下降、使用范围的萎
缩，以及文化传承人的遗忘或去世而飞速消亡。"一个老人的去世
就是带走了一座图书馆"，目前裕固族非物质文化遗产保护正在面
临着巨大的挑战。虽然裕固语并不是裕固族非物质文化遗产的唯一
载体，但却是最主要的载体，同时，裕固语还是裕固族非物质文化
遗产最重要的组成部分之一。假如没有对裕固语的保护，对裕固族
非物质文化遗产的保护将是事倍功半。

四、结语

　　对濒危语言的调查研究，是国际语言学界、人类学界、社会学
界和文化遗产研究界的一个热门话题，正在引起包括联合国教科文
组织在内的一些国际组织和机构、相关国家政府的高度重视[23]。截
至目前，两种裕固语的抢救性保护研究工作已经取得了一些进展和
成就，值得一提的有：① 2002 年，西部裕固语被列入中国社会科学
院 A 类重大课题——"中国濒危语言方言调查研究与新编《中国语
言地图集》"加以研究；② 2003 年，肃南裕固族自治县成立了裕固

族文化研究室，抽调了数名热心本族文化研究的工作人员开展裕固语的抢救性保护研究工作，不定期编辑印行内部文化交流刊物——《尧熬尔文化》，刊布了数十则用拉丁字母撰写的裕固族口头传统的珍贵资料，同时，肃南裕固族自治县广播电台推出了"民族之声"节目，用两种裕固语广播，每天分 3 次播出，每次 10 ~ 15 分钟，主要播放裕固族生活习俗、日常对话、民间歌谣等；③ 2004 年，两种裕固语均被文化部"中国民族民间文化保护工程国家中心"专业性试点项目"少数民族语言文字的抢救与保护"列为濒危语种，进行抢救性保护研究，同时，肃南裕固族自治县教育科学技术局因在大型国情调查——"中国语言文字使用情况调查"中圆满完成调查任务，"为我国语言规划和语言政策的制定提供了重要的科学依据"，被教育部、国家语言文字工作委员会授予"中国语言文字使用情况调查先进集体"称号 [24]；④ 2005 年，第十届全国政协委员杨新华（裕固族）在全国政协十届三次会议提出"关于国家有关部门加强裕固族传统民间文化抢救保护工作的提案"，甘肃省人民政府办公厅和文化部办公厅曾先后发出提案答复文件 [25] 和会办意见函件 [26]；⑤近年来，通过立法手段来保障裕固族文化发展权和教育发展权的想法和实践已经产生，例如，"肃南裕固族自治县自治条例修订案"的第四十六条规定："自治县在幼儿园和小学开设民族语言文字教学课目"；第四十九条规定："自治县继承和发扬民族传统文化，发展具有裕固族和其他民族特点的民族文化事业。加强乡村文化设施建设，促进民族文化产业的发展。自治县加强对裕固族语言的研究、传承和保护工作。自治县加强对少数民族物质文化遗产和非物质文化遗产的抢救、挖掘和保护工作，重视保护地质遗迹、古文化遗址、名胜古迹、珍贵文物和其他重要历史文化遗产。""肃南裕固族自治县自治条例修订案"于 2009 年 1 月 11 日在肃南裕固族自治县第十六届人民代表大会第三次会议上获得通过。[27]

无论从何种角度和意义上说，包括两种裕固语在内的裕固族文化都是人类文化多样性的一个活生生的表征。裕固语作为人类文化遗产，是不可再生的珍贵文化资源，任其消亡是对人类的过去、现在和未来的不负责任的表现。而在如此重大的社会责任面前，我们需要用崭新的眼光和切实的行动来看待和解决裕固族语言文化遗产保护问题，用人类学的整体观——"主张在研究社会或历史现象时必须对与之有关的所有各类现象，即各个时代、各个地区的生物、心理、社会和文化方面有所了解"[28]71——指导裕固族语言文化遗产保护实践即是我们切实的选择之一。

参考文献：

[1] 联合国教科文组织.世界文化报告 2000：文化的多样性、冲突与多元共存 [M].
关世杰，等，译.北京：北京大学出版社，2002.

[2] 巴战龙.展现裕固族研究的美丽画卷 [N].张掖日报，2009-05-21.

[3] Roos，Martina.The Western Yugur（Yellow Uygur）language：Grammar，texts，vocabulary[D].Leiden：University of Leiden，2000.

[4] 陈宗振.西部裕固语研究 [M].北京：中国民族摄影艺术出版社，2004.

[5] 钟进文.西部裕固语描写研究 [M].北京：民族出版社，2009.

[6] 钟进文.中国裕固族研究集成 [C].北京：民族出版社，2002.

[7] 钟进文.国外裕固族研究文集 [C].北京：中央民族大学出版社，2008.

[8] 赞丹卓尕.裕固族研究论文续集：（上、下）[C].兰州：兰州大学出版社，2002.

[9] 巴战龙.西部裕固语的使用与教学述略 [J].甘肃民族研究，1998（1）.

[10] 巴战龙.两次裕固族语言教育试验失败的归因分析与相关政策探讨：基于两项教育民族志研究 [J].教育学报，2009（4）.

[11] 巴战龙.两种裕固语的使用现状与未来发展问题研究 [J].甘肃民族研究，2009（3）.

[12] Zhanlong Ba.Using Yugur in Local Schools：Reflections on China's Policies for Minority Language and Education[C]//.Minglang Zhou and Ann Maxwell Hill（eds.）.Affirmative Action in China and the U.S.： A Dialogue on Inequality and Minority Education.N.Y.： Palgrave Macmillan，2009：199–209.

[13] 巴战龙.社区发展与裕固族学校教育的文化选择：人口较少民族乡村学校教育的民族志研究 [C] // 滕星，张俊豪.多民族文化背景下的教育研究.北京：民族出版社，2009：197–282.

[14] 巴战龙.人类学视野中的学校教育与地方知识：中国西北一个乡村社区的现代性百年历程（1907—2007）[D].北京：中央民族大学，2008.

[15] 哈维兰.文化人类学 [M].瞿铁鹏，张珏，译.北京：上海社会科学院出版社，2006.

[16] 庄孔韶.人类学概论 [M].北京：中国人民大学出版社，2006.

[17] 招子明.语言人类学 [C] // 招子明，陈刚.人类学.北京：中国人民大学出版社，2008：62–103.

[18] 柯尼格.文化多样性和语言政策 [C] // 周玉忠，王辉.语言规划与语言政策：理论与国别研究.北京：中国社会科学出版社，2004：40–49.

[19] 洪堡特.论人类语言结构的差异及其对人类精神发展的影响 [M].姚小平，译.北京：商务印书馆，1997.

[20] 狄肯斯.社会达尔文主义：将进化思想和社会理论联系起来 [M].涂骏，译.长

春：吉林人民出版社，2005.

[21] 沃特森 . 多元文化主义 [M]. 叶兴艺，译 . 长春：吉林人民出版社，2005.

[22] 联合国教科文组织，世界文化与发展委员会 . 文化多样性与人类全面发展：世界文化与发展委员会报告 [M]. 张玉国，译 . 广州：广东人民出版社，2006.

[23] 范俊军（编译）. 联合国教科文组织关于语言与文化多样性文件汇编 [G]. 北京：民族出版社，2006.

[24] 教育部、国家语言文字工作委员会 . 教育部、国家语委关于表彰中国语言文字使用情况调查先进集体和先进个人的决定（教语用〔2004〕5 号）[Z]. 北京，2004-12-16.

[25] 甘肃省人民政府办公厅 . 对政协十届全国委员会第三次会议第 4238 号（文化宣传类 295 号）提案的答复（甘政办督〔2005〕10 号）[Z]. 兰州，2005-06-16.

[26] 文化部办公厅 . 文化部办公厅关于全国政协十届三次会议第 4238 号提案会办意见的函（办社图函〔2005〕271 号）[Z]. 北京，2005-08-03.

[27] 巴战龙 . 裕固族文化融入国家基础教育课程体系问题的调查研究 [J]. 湖南师范大学教育科学学报，2010（2）.

[28] 拉斯特 . 人类学的邀请 [M]. 王媛，徐默，译 . 北京：北京大学出版社，2008.

两次裕固族语言教育试验失败的归因分析与相关政策探讨 *

——基于两项教育民族志研究

一、引言

如何在民族—国家的建构中针对少数民族群体做出合情合理的制度安排，以便使他们既能参与现代化社会的建设，分享现代化建设的成果，又能保持他们自身的文化传统和文化主体性，使他们的文化成为人类文化多样性的表征和有机组成部分，这是摆在许多国家政府决策者面前的一道难题。

中国是一个统一的多民族国家，其当代社会各项事业的飞速发展，使人们逐渐认识到其社会内部蕴藏的巨大活力和各项政策所取的重要成果。中国在解决自身的民族问题上所积累的经验和业已取得的成果，很可能为"西方自由世界"解决令人头疼的少数族裔、原住民和移民问题提供一些非常有益的参照，中国所面临的问题很可能也是世界各国所面临的问题。那些对中国的民族问题一知半解的人们所产生的误解就是他们严重低估了中国对世界各国优秀文化成果的学习、借鉴、吸收的能力和在挫折、困境中发奋图强、勇往

---

    * 原载《暨南学报》（哲学社会科学版），2010 年第 4 期，第 92-97 页，收入本书时有改动。

直前的精神。

　　正是在以上所述的基调上，本着"实事求是，开拓进取"的原则，本书将以笔者的两项教育民族志研究[1][2]为基础，通过对两次裕固族语言教育试验的个案的描述、分析来对民族自治地方政府教育政策的制定和实施过程中存在的问题进行讨论。

二、裕固族社会文化概述 [3]

　　裕固族是中国的人口较少民族之一，主要聚居在甘肃省肃南裕固族自治县和酒泉市黄泥堡裕固族乡。据 2000 年第 5 次全国人口普查统计，裕固族共有 13719 人，在中国少数民族人口中排列第 48位。裕固族主要使用三种语言：西部裕固语、东部裕固语（这两种本民族语言分属阿尔泰语系突厥语族和蒙古语族）和汉语，现无本民族文字，通用汉文。

　　按照学术界的传统看法，裕固族是有着悠久历史的民族，她和曾于公元 8 世纪在蒙古高原推翻突厥汗国而建立回鹘汗国的回鹘以及由漠北迁到河西走廊的回鹘有密切关系。现今的裕固族是以古代回鹘人的一支——黄头回鹘为主体，融合蒙古族、藏族等民族而形成的[4]。千百年来，自称"尧熬尔"的裕固族形成了自己独具特色的文化。中华人民共和国成立之初开展的民族识别工作，尽管情况复杂，难度极大，但裕固族仍以其鲜明的文化特征和强烈的民族认同而成为第一阶段就被认定的 38 个少数民族之一。

　　裕固族的先民在历史上曾信仰过萨满教、摩尼教和佛教，现在主要信仰格鲁派藏传佛教和萨满教，极个别的家庭由于特殊原因信仰基督教。裕固族的萨满教信仰主要由自然崇拜、动物崇拜、生殖崇拜和祖先崇拜构成。随着沟通人、神、鬼三界的媒介"也赫哲"或"艾勒其"（意为"使者"，裕固人对萨满巫师的称呼）在 20世纪 70 年代先后辞世，后继无人，现在萨满教信仰作为民间信仰主要体现在各种风俗习惯中。

　　裕固族聚居区在祁连山北麓的山区草原上和河西走廊的戈壁绿洲及平川牧场上，海拔均在 1000 米以上，由三个不连片的区域组成：东部的肃南裕固族自治县皇城镇；中部的康乐乡、大河乡和红湾寺镇；西北部的明花乡和酒泉市肃州区黄泥堡裕固族乡。裕固族地区地势南高北低，西北部干旱少雨，植被稀少，夏季较为炎热，四季多风，现在的生计方式主要以农业为主，兼营畜牧业，农作物以小麦、大麦、棉花、玉米、甜菜等为主，牲畜以山羊和改良牛为主；东部和中部处于祁连山北麓的山前地带和深山之中，越往南雨水越多，草原、森林越多，夏季越凉爽，现在的生计方式主要以畜牧业为主，兼营第三产业和农业，牲畜以绵羊、牦牛等为主，第三产业以运输业、零售业和旅游业为主，农作物以青稞、小麦和油菜为主。

　　裕固族受教育程度较高，在中国各民族中位居前列。中华人民共和国成立以后，裕固族教育虽几经波折，但发展迅速。1997 年，裕固族实现全民族普及九年义务教育的目标，并通过国家有关部门的验收，这一重大成果成为 1998 年"中国十大民族新闻"之一 [4]22。据 2000 年全国人口普查统计，裕固族每万人中拥有高中生 654 人、中专生 528 人、大学专科生 362 人、大学本科生 104 人、研究生 6 人。

　　裕固族传统上是一个以畜牧业生产为主，狩猎采集和定居农耕为辅的民族，由于各种原因，教育发展非常缓慢。从整体上看，20世纪 40 年代以前，裕固族教育仍然停留在耳濡目染、言传身教的教育发展水平上，"生活就是教育""社会就是学校"是裕固族教育的典型写照。裕固族现代学校教育，形成于 1938 年之后七世顾嘉堪布在裕固族地区劝喻兴学，发展于 1949 年之后小规模学校教育和马背小学的兴起，兴旺于 1978 年之后学校教育的大规模发展。至今，裕固族的九年义务教育在甘肃省乃至全国 56 个民族中都是名列前茅的，人口素质有了大幅度提高，形成了尊师重教的优良风尚，表现了裕固族人民积极进取接受文化教育，追求物质文明与精神文明，努力提高民族整体素质的先进性。

三、两种裕固语的使用情况概述

共属一个语系，分属两个语族的两种裕固语的使用情况较为复杂。使用西部裕固语的人群主要分布在肃南裕固族自治县红湾寺镇、皇城镇、明花乡、大河乡等地；使用东部裕固语的人群主要分布在肃南裕固族自治县红湾寺镇、皇城镇、康乐乡等地；两种裕固语兼通的人群主要分布在大河乡。使用汉语的人群主要分布在酒泉市黄泥堡裕固族乡和肃南裕固族自治县红湾寺镇、明花乡、大河乡。不同语言群体之间使用汉语作为交际语的场合和机会相对两种裕固语为多。

虽然裕固族的人口总数在不断增长，但是裕固语的使用前景却令人担忧。据 1982 年中国第三次人口普查资料显示，全国裕固族人口共计 10569 人，其中居住在肃南裕固族自治县的人口中说西部裕固语的 4623 人，说东部裕固语的 2808 人。1990 年第四次人口普查资料显示，裕固族人口共计 12293 人，其中居住在肃南裕固族自治县的人口中使用说西部裕固语的 3693 人，说东部裕固语的 3194 人。从以上所述可以发现，仅约 10 年间，居住在肃南裕固族自治县的裕固族说西部裕固语的人减少了近千人。[4]278 随着时间的推移，情况又有了变化。据肃南裕固族自治县民族宗教事务局掌握的情况，1998 年，在自治县境内 10079 的裕固族人口中，说西部裕固语的为 5069 人，其中有 550 人兼通东部裕固语；说东部裕固语的为 4684 人；只会说汉语的 326 人。[5]13 截至目前，有关统计资料表明，裕固族总人口最少在 14000 人以上，说裕固语的人却只占总人口的1/2(新增人口中，裕固语单语人口比例正在迅猛下降，汉语—裕固语双语人口的比例和汉语单语人口的比例正在上升)。

导致使用裕固语的人口比例正在下降的原因多种多样，但是语言学者和教育学者不约而同地认为，儿童在学校教育中几乎只接受汉语和英语教育，教师在教育教学的正式场合中几乎完全使用汉语（英语课程也是以汉语作为学习辅助语言的），是其中一个重要原因。[3][4]279

具体到我的 2004 年 4—5 月间田野研究的地点——一个半农半牧的社区来说，由于当地裕固族的传统文化是建立在畜牧业生产的基础上，再加上裕固族现在没有文字，文化传递主要依靠口耳相传和示范模仿，因此，西部裕固语是裕固族文化的重要组成部分和主要的载体。随着西部裕固语使用人口不断下降，"代差"极为明显，许多传统的口头与非物质文化由于没有得到年轻一代的继承已经消亡了。现在社区内能用西部裕固语演唱较为"古老"的民歌的人，讲述较为"古老"的民间传说、故事的人已经屈指可数，一个"能唱能说"的老人的去世，可以说就是带走了一座民间文化的"图书馆"。在田野调查中，给我最深的印象就是如果当地人民开口不说"裕固语"，这个社区几乎跟汉族农区没有太大的区别。另外，我的调查表明，这个社区的裕固人非常希望学校能在教授汉语的同时教授裕固语，实现"双语（西部裕固语和汉语）兼通"的语言学习目标。

四、两次裕固族语言教育试验的描述及其失败原因的初步分析 [3]

裕固族学校教育开掘和发挥文化选择功能典型地体现在两次"教育试验"中。一次是 1983 年 11 月—1984 年 7 月间，酒泉市黄泥堡裕固族乡中学开展了裕固族地区第一次普及西部裕固语的课堂教学活动。先后接受教育的学生约 180 人。全校分为三个大班：小学生一、二、三年级为一个班；四、五年级为一个班；初中生一、二年级为一个班。聘请了肃南裕固族自治县原明花区明海乡人安翠花任教。该教师高中毕业，能熟练使用西部裕固语，但是没有受过专门的少数民族语言教学培训，加之当时没有裕固语教材和参考资料，教学只能采用口耳相授、汉字注音的方法。教学内容主要是数数字、亲属称谓和日常用语等。这种教学活动的难点是学生普遍发音不够准确，需要反复教。但学生学习态度认真，年龄越小的学生掌握得越好。从总体上讲，获得了较好的教学效果。但是，由于学生学习西部裕固语影响了年龄较小的学生对汉语的学习，而且在校的裕固族、汉族学生都学习西部裕固语，引起了一些汉族家长的反对，再加上缺少语言环境（当地的裕固人至少在清朝末年就已经放弃使用西部裕固语，转用了汉语），无法巩固学习成果等原因，最后只好停止了西部裕固语课堂教学活动。[6]

　　另一次是 2003 年 9 月至 2004 年 7 月间，红湾小学开展了西部裕固语兴趣小组的第二课堂活动。2003 年 9 月 8 日，时任肃南裕固族自治县县委书记的阿布带领自治县四套班子在教师节前夕慰问教师，召开了一个座谈会。自治县人民医院医生巴战生作为家长代表发言，提出肃南是一个以裕固族为主体的多民族县，学校教育中没有任何少数民族文化内容是不应该的。学校应该在不影响学生升学的前提下，以多种形式开展以少数民族文化为主要内容的教育教学活动，特别是学校教育中应该鼓励裕固族学生学习裕固语，最好以兴趣小组的形式开展学习裕固语的活动。其主要理由包括两方面：一方面，裕固族人口少，没有文字，熟练使用裕固语的人数在不断下降；另一方面，学习裕固语能使裕固族学生增强民族自豪感和学习动力，还可以整合被闲置的教育资源，促进学生全面发展。这一建议立即得到了当时自治县人大常委会副主任白忠诚和裕固族文化研究室主任、著名作家铁穆尔的赞同。经过讨论，座谈会上确定由自治县教育局具体落实这一建议。2003 年 9 月 11 日，自治县教育局下发了文件，指出"为继承和发扬我县少数民族优秀文化、传承民族文明，要求全县少数民族聚居地所在学校以兴趣小组的形式积极开展民族语言第二课堂活动"，并做了具体安排。[7]据了解，实际上只有红湾小学落实文件精神，组织开展了西部裕固语兴趣小组活动。兴趣小组由该校体育教师钟玉琴负责，学生自愿报名参加，人数达到 43 人。钟玉琴是原明花区莲花乡深井子村人，大专学历，能熟练使用西部裕固语，没有接受过少数民族语言教学培训。兴趣小组的学习内容主要以亲属称谓、常见事物名称和日常用语为主，教师的参考资料十分有限，只有《西部裕固语简志》和《裕固族风情》等书籍。2004 年 9 月，只有高年级学生 8 人报名参加兴趣小组，学校认为小组人数太少，停止了兴趣小组的活动。笔者通过各种途径了解到该兴趣小组的实际情况和停办原因主要有：①低年级学生语言学习成果巩固率较高年级学生差；②部分学生家庭使用的语言为汉语，而且整个社区语言以当地汉语方言为主，学生缺乏学习西部裕固语的家庭及社区语言环境，影响语言学习成果的巩固；③部分学生参加兴趣小组，不是出于自己的兴趣，而是出于家长的意愿，这些学生不参加或退出兴趣小组也是出于家长的意愿；④部分主课任教教师认为，学习西部裕固语影响学生学习汉语、英语，因此对学习西部裕固语持反对，至少是不赞成的意见；⑤个别家长持有"少数民族语言无用论"，破坏了兴趣小组的社会支持性环境。[1]63-64

五、有关民族自治地方教育政策过程的讨论

中华人民共和国成立以来，多部法律相继颁布、实施和修订，例如《中华人民共和国宪法》《中华人民共和国教育法》和《中华人民共和国民族区域自治法》，都在原则上保护了少数民族使用和发展自己语言文字和文化教育的权利，同时也规定在包括民族自治地方在内的全国范围内推广汉语普通话和简体规范汉字，并且建立

体制来保障这些法律条文得到落实。但是，一方面，中国是一个发展中国家，经济社会和文化教育的情况时时都在变动，另一方面，中国有着丰富的社会文化多样性，法律、政策和体制的"普世性"受到了现实生活"多样性"的挑战，所有这些都给各级政府，特别是民族自治地方政府带来了诸多难题。根据笔者对现代裕固族教育及社会文化发展过程的观察和研究[7]，民族自治地方教育政策过程中的下述特点与问题，抑或"效应"是值得进一步深入探讨的。

（一）"应激效应"。从红湾小学的案例可以看出，民族自治地方的教育政策的制定和实施模式更可能是一个"刺激—反应"模式，这并不是一个偶然事件和独特案例。由于中国社会现代化进程的不断推进，加之全球化的影响，各种新情况、新问题层出不穷，因此，民族自治地方政府的决策者常常扮演着"救火队员"的角色，常常不得不追加、完善或修订政策以应对新情况、新问题。那些难以在短时间内解决的某个或某些教育及社会问题，后来由于上级政府的重视和政策安排迎刃而解。民族自治地方政府在解决经济问题方面表现出了极大的能动性，但是在面对"教育如何传承少数民族文化遗产"这一问题时，却比较被动。

（二）"黑箱效应"。如果我们把民族自治地方政府机关视作政策的制定者，把地方普通公众视作政策的主要目标群体，我们就会发现教育政策的提议、协商、制定、实施和评价过程是一个"黑箱"（"黑箱"常常是相对普通公众而言的，在红湾小学的案例中，甚至连一些学生家长都并不知道"兴趣小组"的存在，大多数社区成员也并不知晓此事），各级政府机关及其下属单位、主流社会话语权的拥有者及组织、群体和个人都更可能在政策协商的过程中较为充分地发挥自己的能动性。其实，决策者也处在困惑和矛盾中，因为他们必须在政策的"统一性""普世性"与"原则性"和地方实践的"差异性""能动性"与"实效性"之间做出平衡。

（三）"计划效应"。中华人民共和国成立以来，历届政府注重"五年国民经济与社会发展计划"的制定和实施，从"十五"计划（2001—2005 年）和"十一五"规划（2006—2010 年）不难看出，中国政府的关注点正在从重点发展经济向推动社会整体和谐发展转移，西部地区（其大部分是少数民族地区）的各项社会事业，包括教育事业也正在进入政府和公众的视野。但民族自治地方政府在执行政策过程中忽视了地方政策的情境性、稳定性、连续性、完整性（在红湾小学的案例中，明显缺乏政策过程的评价环节；从政策文本看，也缺乏对不执行政策后果的声明和对政策实施效果评价标准的声明）和充分听取本地方公众的意愿、立场和诉求的必要性，这部分导致了在少数民族地区的"五年计划"中，包括少数民族语言、教育在内的少数民族社会文化发展的目标和承诺仍然不够清晰。欣喜的是，在"十一五"规划中，甘肃省人民政府按照中央政府和国家民族事务委员会等部门的有关要求，将裕固族作为人口较少民族之一制定了单列规划。[8]

从红湾小学的案例还可以看出，民族自治地方政府的决策者及政策的实施者都对政策、体制和社会文化的多样性之间的互动不够关注。实际上，教育及社会问题常常不会随着政策的出台而销声匿迹，加之"重计划，轻评价"是地方教育政策的痼疾，由此在教育机构与学校组织的领导者心目中和实践中造成了所谓必须执行且要真抓实干的"硬政策"和可执行可不执行,抑或口头重视,实际搁置的"软政策"之分。教育政策不仅在文本上不是孤立的,而且在实施过程中更是需要得到体制的保障、公众的拥护和社会文化环境的支持,也就是说,教育政策过程常常是在一定文化生态系统中展开的系列社会政治行动过程。

民族自治地方教育及社会政策应该在法律允许的框架内制定和实施,要想在民族自治地方基层社会实现"依法治理",各级政府必须重视法制建设和法律宣传,制定和实施的政策首先必须是依法且合法的,其次必须是公众参与制定和实施的,再次必须是透明、规范且具有效力的。

六、结语

纵观全球,在任何一个国家或地区,都不存在完美的社会发展过程,这是人类社会的一个基本事实。中国少数民族地区的社会发展是一个复杂的变迁过程,难免存在一些失误和遭遇一些挫折,其教育发展也不例外。对于我们来说,更多的不应该是言辞激烈的指责,而应该是深入调查和分析这些失误和挫折产生的社会文化脉络。毕竟,在我们行动之前,越是能够澄清我们的立场、信念、观点和诉求,就越是可能接近我们实事求是地设立的目标和愿景。

参考文献:

[1] 巴战龙.社区发展与裕固族学校教育的文化选择——人口较少民族乡村学校

教育的民族志研究 [D]. 北京：中央民族大学，2005.

[2] 巴战龙. 人类学视野中的学校教育与地方知识——中国西北一个乡村社区的现代性百年历程（1907—2007）[D]. 北京：中央民族大学，2008.

[3] 巴战龙. 裕固族学校教育功能的社会人类学分析 [J]. 民族教育研究，2006（6）：37-44.

[4] 钟进文. 中国裕固族研究集成 [C]. 北京：民族出版社，2002.

[5] 陈宗振. 西部裕固语研究 [M]. 北京：中国民族摄影艺术出版社，2004.

[6] 巴战龙. 西部裕固语的使用与教学述略 [J]. 甘肃民族研究，1998（1）：62-64.

[7] 肃南裕固族自治县教育局. 关于开展民族语言第二课堂活动的通知（肃教发〔2003〕199 号）[R].2003-09-11.

[8] 肃南裕固族自治县发展和改革委员会，肃南裕固族自治县民族宗教事务局. 甘肃·肃南裕固族自治县扶持人口较少民族发展专项建设规划（2006—2010）[R].2006-03.

关于裕固族传统文化的几点社会人类学思考 *

1999 年 7 月从北京师范大学毕业后，我远赴新疆师范大学做了一名大学教师。举世公认，大学教师不仅给学生布置功课，自己也有三项"功课"要做，就是学术研究、教书育人和社会服务。我是一个新手，对于功课不敢放松，再加上临走时，我的学术启蒙导师钟进文特地为我举行了家庭晚宴，鼓励我进一步深入研究裕固族文化。他的教诲我至今铭记在心。

法国社会理论家布迪厄（1930—2002）曾经说过："没有经验资料的理论是空洞的，没有理论的经验研究是盲目的。"[1]207 对于每一位有志于社会人类学研究的人来说，在田野调查和理论思考之间"奔波劳顿"就成了"必修课"。2004 年 4—5 月间，我在甘肃省肃南裕固族自治县一个半农半牧的社区——现改制为明花乡的明花区做了将近两个月的田野调查。[2] 本书结合这次田野调查所获的资料，就裕固族传统文化消亡的问题来展开叙述我的"一孔之见"。

任何一个人类群体的文化都是时代与历史的产物，因此，对于任何一个族群或社区的"文化"的体认与解说，都需要将其放置在

---

* 原载《甘肃民族研究》，2007 年第 4 期，第 96-101 页，收入本书时有改动。

特定的时空脉络中加以考察。人们普遍相信，我们正生活在一个变动的时代。正是在急剧的人类社会文化变迁过程中，声称以保护文化多样性为其使命的有识之士，特别是以研究人类社会文化的奥秘为其使命的人类学家对"非西方文化"或社会处境不利群体的文化的现实处境和未来命运忧心忡忡，他们（她们）担心这些文化经不住"西方文化"和社会强势群体文化的冲击和压制，不是被"吞噬"，就是"自生自灭"。因此，他们（她们）通过许多方式或大声疾呼，或申说理由，或付诸行动。例如，联合国教科文组织教育部门简讯《今日教育》2002 年第 1 期中一则题为《关心你的语言》提到：

全球现存 6000 余种语言中有一半受到威胁，抑或说，在世界的许多地方至少 3000 种语言处于险境或趋于消亡（因原文有歧义，此处有改动——本书作者注），这是国际母语日（2 月 21 日）上发布的《世界上濒临消失的语言地图册》第 2 版告诉我们的信息。

联合国教科文组织鼓励多种语言并用，从 2000 年以来每年纪念国际母语日。2001 年 11 月联合国教科文组织大会通过了文化多样性宣言，鼓励国际社会保护语言在内的非物质遗产。

为了帮助教师把土生土长的知识、地方语言，以及国际谅解等内容纳入他们的教育实践，联合国教科文组织正在编写指导要领并协调与语言多样性有关教材的出版事宜。

其实，关于现代社会人类学的早期研究对象——"非西方文化"——的不断消失的问题，是现代社会人类学摆脱古典文化进化论这一广为传播并束缚当时人们头脑的桎梏以后马上就意识到的一个重要问题。早在 1931 年，结构—功能主义社会人类学大师拉德克利夫—布朗在英国科学进步协会 100 周年 H 分会讲演《人类学研究的现状》中就反躬自省说：

> 还存在这样一个事实，这个事实在我看来，就是我们这门科学有时处于一种近乎悲剧的状态之中。由于理论的不断发展和调查方法的改进，我们通过对世界上最不发达的文化进行深入和切实的研究，已经能够对人的科学做出最重要的贡献。但是，这些文化正以惊人的速度被毁坏，由于欧洲人的贸易或经济开拓、欧洲官员的统治及传教士活动等这些联合行动，这种毁坏的过程正在加速地进行。我从第一次从事这种研究至今已经 25 年了，在此期间，我目睹了许多重大的变化。25 年前，从澳大利亚、美拉尼西亚和北美的部落中，我们获得了很有价值的材料；但是，这些部落今后能告诉我们的已没有多少了，在许多方面甚至一无所有。在第二个 25 年里，情况的恶化将是前所未有的。今天在地球各处还能进行的研究，将成为再也不可能的事情。是否有过什么其他科学，或历史上曾经有过什么其他科学面临的是这样一种形势，而且，这种形势正接近危急关头：一方面由于缺乏普遍的吸引力和支持，研究者极少，资金匮乏；另一方面，大量极重要的材料正年复一年地迅速消失，哪怕对稍大一点的部分进行研究都没有可能 [3]70。

如果说拉德克利夫—布朗的这番充满"人类学主义"的话多少

有点沦为学者式的清谈的话，现实世界恐怕更有它残酷的一面：随着源于西方的现代性的扩展，特别是全球贸易体系的构建和实践，"西方文化"铺天盖地席卷而来，无情地吞噬着"非西方文化"，"非西方文化"在这场"欧美化"的浪潮中无声无息地退缩和消亡；在一些民族国家内，悲剧同样在上演着，产生于 19 世纪的社会达尔文主义被进一步庸俗化为合法的意识形态，所谓的主流文化以"传统—现代""野蛮—文明"和"落后—进步"等水火不容的"二元对立"为合法性依据，冠冕堂皇地给非主流文化和地方性知识判以死刑，并积极地加以消灭[4]。

因此，人们对文化多样性的丧失的担心并不是多余的。更有远见的人们并不满足于充当某个处境不利的族群或社区的代言人，而是不屈不挠地思考这样的问题：由于所谓"全球化"——资本跨国界的自由流动与联合是这个术语的实指，尽管许多学者都试图从尽量广泛的意义上理解这个术语——所导致的"天下大同"，会不会使人类文明最终走上毁灭的不归之路。在这种大的时代背景中，一个人口只有 13000 余人的民族会怎样应对"全球化"的挑战？又应该如何应对"全球化"的挑战？

在这里，重申当代社会人类学的"文化观"是必要的。第一，文化的变迁是永恒的，所谓文化意义上的"传统"和"现代"的区分是相对的，所谓的"传统"并不像人们所想象的那样，是从某个"远祖"那里承袭下来的一个完整的"实体"，人们当下所谈论的"传统"常常是相当晚近的"发明"；第二，正是因为文化是变迁的，所以有一些不再适应人们需要的文化因子的消亡是正常现象；第三，没有一个族群或社区是没有"文化"的，传统文化的消亡，也并不意味着这个族群或社区的文化是缺失的，恰恰相反，"中国社会中任何区位均被其居住者设计成一个完整的符号世界"[5]66；第四，在当代全球社会，几乎没有一个族群或社区的文化是自足的，因此，文化传播所导致的文化变迁是可能的，更是必要的。

具体到田野点明花区来说，由于当地裕固族的传统文化是建立在畜牧业生产的基础上，再加上裕固族没有文字，文化传递主要依靠口耳相传和示范模仿，因此，西部裕固语是裕固族文化的重要组成部分和主要载体。随着西部裕固语使用人口不断下降，"代差"极为明显①，许多传统的口头与非物质文化已经消亡了。现在社区内能用西部裕固语演唱较为古老的民歌的人，讲述较为古老的民间传说、故事的人已经屈指可数。在田野调查中，我印象最深的就是如果当地人民开口不说裕固话，明花区几乎跟汉族农区没有太大的区别。

几乎所有的报道人都对裕固族传统文化的消亡表示遗憾或痛心，这是可以理解的。根据我个人的观察和体验，传统文化的消亡是一个复杂的文化过程，更是一个伴随着痛苦体验的心理过程，尽管作为文化的负荷者纵横交错的情感上的依赖、信任和认同最终不敌跌宕起伏的现实中的利益诉求和功利行为。这就造成明花人普遍的"失落感"和"焦虑感"，而且对变迁中的环境的适应也是一个伴随着痛苦体验的心理过程。由于这样一个文化的新陈代谢的过程，常常还跟裕固族作为一个民族的兴衰存亡联系在一块，按照著名的美国心理学家马斯洛的需要层次论的看法，这就是在动裕固人的高级需要中的最基本的需要——民族归属的需要的"奶酪"，从而影响了当地裕固人对自己"幸福感"的期许、体验和追求美好生活的信心，也造成裕固人特别珍视自己的"传统文化"的心理，而如果这种心理最终趋于"自闭"，那么，真正的厄运就降临了。

许多专家学者在该社区的调查研究和抢救性地整理"裕固族传统文化"②，也给当地的人们造成了另一种错觉，即要保留所谓的"原生态"的文化。这是一个极大的误解，实际上，没有什么所谓的"原生态"的文化。按照功能主义社会人类学的看法，任何文化的现实组成部分都是"活"的，都是为人的现实需要服务的，不存在什么"遗俗"，更不存在什么"原生态"的文化（这种文化观还常常以确认有所谓"纯粹的裕固族文化"的存在为其张目）。从根本上说，"原生态"的文化观是一种静止的文化观，是一种否认文化变迁的文化观。

笔者的观点是，在当代全球社会，任何一个族群或社区想要保留她的"传统文化"，都十分不易，最好的态度和行为就是想方设法发展她的"传统文化"，从而使它"活着"，一味地"保"是保不住的。如果一个族群或社区不是想方设法以"传统文化"为基础和资源，去谋求其文化进一步的发展和繁荣，去谋求摆脱被边缘化的厄运，那么，她的"传统文化"的消亡只是时间问题，而不论你在主观上是否承认，即使把整个族群或社区的"传统文化"都搬进博物馆，也只能保留其"形式"，其"内容"却实质上消亡了。因此，我们要特别反对那种保留"原生态"文化的观点，尽管许多人的出发点是好的，但客观后果却令人生疑。

在不断深入的田野调查的基础上，经过长时间的思考，笔者认为，我们要保持的是"文化传统"，而不是"传统文化"尽管"文化传统"常常蕴含在"传统文化"中。文化传统常常是一个族群或社区的人们在相当长的历史过程中形成和积累起来的创造性地解决人与环境间关系的态度、知识和技能的综合体。文化传统是贯穿在族群或社区的历史过程和现实生活中的一根主轴，是那些"变化中的不变"。对于绝大多数人们来说，它是一种潜藏在"常识"（common-sense）中的"常识"，是人们日用而不知的。要想发现和揭示一个族群或社区的文化传统，就要从她相当长的历史时段的文化变迁和当下人们的现实生活中去寻找。总之，我认为，"传统文化"是时时在变的一个范畴，而"文化传统"则在相当长的历史时段中保持相对的稳定性，是不易改变的一个范畴。例如，无论是在学者专家中，还是在普通民众中，人们普遍认为裕固族是一个接受新鲜事物很快的开放的民族。在现实生活中，的确是这样，从历史的角度看也有道理，自从公元 840 年回鹘汗国崩溃以后，裕固族的先民就一直处于一种"流亡"状态，族体小，人口少，势力弱，在强族屹立的夹缝中顽强地生存下来，使得这个民族在历史上就形成了一种为了求生存而总是不断地、积极主动地进行文化选择的文化传统[3]。

这么说，是不是违背了"价值无涉"——马克斯·韦伯（1864—1920，德国社会学家，西方经典社会理论的鼻祖之一）式的学术原则呢[6]333-391？是不是想通过"标新立异"来"开人眼界"，进而"在时代潮流中急于亮相"呢^[7]？在一本被誉为"后现代主义人类学"的典范之作中，两位作者在"导论"的开篇就直截了当地说：

20世纪的社会文化人类学者许下诺言，声称要在两个方面给予数量广大的西方读者以启蒙。一方面，他们说自己要拯救那些独特的文化与生活方式，使之幸免于过于激烈的全球西方化之破坏。借助于其浪漫的感召力以及其引人的科学宗旨，人类学者挺身而出，反对席卷全球的西方模式。另一方面，人类学者用较隐晦的词句许诺要使自己的研究对西方自己的文化进行批评。他们声称，通过描写异文化（other cultures），我们可以反省我们自己的文化模式，从而瓦解人们的常识，促使我们重新检讨大家想当然的一些想法^{[8]16}。

不过，紧接着两位作者笔锋一转，说了另一段特别值得深思的话：

最近的两场争论充分显示出，为了支撑和维持上述目的，当代人类学者面临许多现实困境。参与这两场争论的双方各诉其理。不过，争论的两方却一致同意：由于人类学者本身依赖于描述的和半文学性的表达方式来描写文化，他们的研究歪曲了非西方民族的社会现实^{[8]16}。

在国内，歪曲裕固族社会现实的事实屡见不鲜，甚至存在一些常识性的错误。国内关于文化多样性的讨论也可谓汗牛充栋，数不胜数。不过，心细的人不难发现，"偷梁换柱"的事实就摆在面前：

"文化多样性"被换成了"民族文化的多样性",历史被以"民族国家"和"民族"为单位加以剪裁和制作,找一个或几个声名显赫的伟大"远祖"是其必要之举,不然不足以显示自己"历史悠久",甚至有为了争夺文化史资源而打口水战和笔墨官司的④。实际上,民族并不是区隔文化的唯一单位,地域、族群、阶层、性别、语言、年龄,甚至宗教、生产方式等都可能成为区隔文化的单位,以民族为单位来观察和谈论文化多样性的保持只是多种可能中的一种。

歪曲"社会现实"问题,具体到裕固族文化研究上,有这么几种"表述"或"做法"值得商榷(这些问题的讨论和澄清也有助于正确认识和解决传统文化消亡问题)。

第一,以语言来"切割"民族共同体,认为有所谓"东部裕固族"和"西部裕固族"的存在。这种"切割"做法的潜台词是操东部裕固语的裕固人是"东部裕固族",源于"古代蒙古人",操西部裕固语的裕固人是"西部裕固族",源于"古代回纥人"。语言与民族、某一语言和操这一语言的群体的历史渊源并不一定存在对等和接续的关系。这种源自学术界的话语"反哺"到群众中,群众信以为真,人为地造成了各语言群体之间的对立情绪和现实矛盾。实际上,这种做法根源于以"民族"为单位来制作历史的信念和行为[9]32-102,是"现代性"(modernity)的后果之一[10][11]。

第二,把裕固族文化视作"铁板一块",忽视或否认其内部的多样性和一致性。关于文化是什么,中外学者的表述可谓见仁见智,但是当代人类学学者都不否认,文化就是人们的生活方式及其背后的价值观念。裕固族文化就是裕固族人民的生活方式及其背后的价值观念。那种"只见游牧，不见其余"等诸如此类的表述值得怀疑。现实中，从事第三产业已经不是个别现象了，从事农耕更不是个别现象。另外，用东部裕固语颂述的史诗《沙特》和用西部裕固语颂述的"尧达曲格美"的各种"版本"之间的差异性和一致性即是明证之一。著名西部裕固语专家陈宗振先生在《西部裕固语研究》中发表的裕固族儿童"首次剪发贺词"三篇也可以看出此类"贺词"的差异性和一致性。[12]437-439 再如，裕固族民间口头文学中有一个叙事模式或故事类型——"后娘虐杀非亲生子女"，这一叙事模式中有许许多多的"异文"，然而究其实质，都是为了巩固裕固族传统社会中的继嗣制度和婚姻、亲属制度及其观念。当然，在裕固人的现实生活中，文化的多样性和一致性的表现形式和"部类"是相当丰富的。

第三，在研究中忽视、否认和抹杀裕固人的主观能动性和个体水平上的生活策略，过度渲染"社会决定论"和"结构决定论"，把裕固族文化的前途描述得渺茫，把自己塑造成救世的文化英雄。承认文化的建构性和个体的能动性，是当代人类学文化研究的基本策略之一。据我所知，钟进文可能是最早注意到这一点的研究者，在《裕固人悄然回首从传统中求发展》一文中，他揭示了一些裕固人"从传统中求发展"的"文化自觉"的意识和行为[13]。

第四，虚构"草原游牧乌托邦"，制造"游牧时代"是"黄金时代"的幻象。裕固族文化研究受古典文化进化论的教条和桎梏的约束和限制程度也深[14]124-134，但是那种"颠倒的古典'文化进化论'"（实际上是古典"文化退化论"的现代翻版，具有反讽意味的是，在人类学史上，古典文化进化论的提出就是为了反对当时流行的"文化退化论"），即认为现代"野蛮"，传统"文明"，或者昨天"发达"、今天"落后"、明天"堕落"的观点又走到另一种形式的极端之中[15]。

第五，文化精英以民众的名义"制造文化"，有的粉饰现实[16]，有的虚构民意。中国文人的陋习就是一方面鄙夷民间，认为自己有对民间文化加以改造或祛除的使命和资格；另一方面又假扮成民众，为民众请命，图谋文化代言人的角色。我们必须反对对文化精英的过度崇拜和对民众的蔑视，坚持正确理解和实践"人民群众是历史的创造者"这一历史唯物主义的基本论点。

我们常常是在汉语的语境中展演（display）"裕固族文化"的，我们的问题意识、所使用的话语及其策略和理论资源都在相当程度上受到当代"中国学术"的限制，源头上是部分地受制于"西方学术"，文化的"翻译"带来的多重"误解"问题是值得注意的，"知识—权力"文化格局的影响所带来的"偏见"和"谬误"是存在的，也是值得警惕的[17]173-190。无论是"全球化"，还是"文化多样性"，这些话语均来自"西方学术"，关于这些话语所连带的问题在西方世界本身都是众说纷纭、莫衷一是的。我们不能接受"东方学"的过度启蒙，也不能接受"颠倒的东方学"的过度启蒙，正是在这一"历史困境"中，始终带有自知之明的、反思性的、历史关怀与现实关怀兼备及不屈不挠地观察、想象和表述在全球社区（global community）中裕固族的社会秩序与社会转型、文化变迁与文化连续，才是我们应该走的一条正道。

注 释：

① 在访谈调查中，所有的报道人都承认这一点。在"明花区学校"调查期间，我利用课间和一些小学生聊天时让几个裕固族学生用裕固话数数，他（她）们只能从 1 数到 10，只有一个女孩勉强能从 11 数到 20。

② 我并不反对抢救性地整理"裕固族传统文化"，我反对的是那种过度夸大传统文化的"消亡险情"、没有"文化整体观"和掠夺民间文化资源的做法。详请参阅张承志 . 文明的入门——张承志学术散文集 [M]. 北京：北京十月文艺出版社，2004.

③ 在这里，当代历史地理学者葛剑雄教授的论述值得一引："任何民族都拥有生存和发展的权利，包括对自身文化形态的选择权。政府和外界不能强制他们进行某种改变，即使某些明显的恶俗，只要不违反法律，不侵犯他人，不破坏环境，也应该允许存在。同样也无权禁止他们做某些改变，只要是出于他们自己的选择。最有资格对某种文化做出价值判断，决定对某种文化采取什么态度的，是这种文化的主人。因此，我们不能将自己的标准强加于少数民族，不能为了满足猎奇的需要而让少数民族充当活化石，让他们的文化成为活博物馆，也不能以科学研究的名义让他们这样做。"（引自葛剑雄 . 晚近少数民族文化的变迁及未来展望 [C] // 张立升主编 . 社会学家茶座：第十辑 . 济南：山东人民出版社，2005：31–32.）

④ 国内的文化人类学者对此已经有所警觉，例如人类学学者张海洋指出："继续无端地坚持构建'汉族'就要冒牺牲中华民族整体认同的风险。"详请参阅徐杰舜主编 . 人类学的世纪坦言 [M]，哈尔滨：黑龙江人民出版社，2004：277–279.

参考文献：

[1] 王铭铭. 西方人类学思潮十讲 [M]. 桂林：广西师范大学出版社，2005.

[2] 巴战龙. 社区发展与裕固族学校教育的文化选择——人口较少民族乡村学校教育的民族志研究 [D]. 北京：中央民族大学，2005.

[3] 拉德克利夫 – 布朗. 社会人类学方法 [M]. 夏建中，译. 北京：华夏出版社，2002.

[4] 巴战龙. 文化多样性·裕固族·文化研究 [J]. 读书，2004（4）.

[5] 王铭铭. 山街的记忆——一个台湾社区的信仰与人生 [M]. 上海：上海文艺出版社，1997.

[6] 阿隆. 社会学主要思潮 [M]. 葛智强，胡秉诚，王沪宁，译. 北京：华夏出版社，2000.

[7] 张承志. 匈奴的谶歌 [J]. 收获，2002（2）.

[8] 马尔库斯，费彻尔. 作为文化批评的人类学——一个人文科学的实验时代 [M]. 王铭铭，蓝达居，译. 北京：生活·读书·新知三联书店，1998.

[9] 王铭铭. 西学"中国化"的历史困境 [M]. 桂林：广西师范大学出版社，2005.

[10] 吉登斯. 民族—国家与暴力 [M]. 胡宗泽，等，译. 北京：生活·读书·新知三联书店，1998.

[11] 吉登斯. 现代性的后果 [M]. 田禾，译. 南京：译林出版社，2000.

[12] 陈宗振. 西部裕固语研究 [M]. 北京：中国民族摄影艺术出版社，2004.

[13] 钟进文. 裕固人悄然回首从传统中求发展 [J]. 中国民族，2004（2）.

[14] 王铭铭. "裂缝间的桥"——解读摩尔根《古代社会》[M]. 济南：山东人民

出版社，2004.

[15] 赵旭东 . 反思本土文化建构 [M]. 北京：北京大学出版社，2003.

[16] 江波 . 肃南裕固族西部村落的人类学考察 [C] // 钟进文 . 中国裕固族研究集成 . 北京：民族出版社，2002：569–573.

[17] 王铭铭 . 西方人类学思潮十讲 [M]. 桂林：广西师范大学出版社，2005.

第三编

社区发展、地方知识与乡

区发展、地方知识家人学

作为应对人口老龄化问题之文化资源的非正式制度 *

——裕固族敬老习俗的文化人类学初步研究

一、引言

人口老龄化是全球性的人口发展特征和趋势，是人口再生产模式从传统型向现代性转变的必然结果，这一现象已经引起了世界各国、社会各界的普遍关注。目前，以人口老龄化为研究主题的专业研究队伍逐渐壮大，各类相关研究组织、机构如雨后春笋般涌现。随着研究的深入，人们对人口老龄化的认识总体上趋于理性。

中国政府和社会各界正在积极应对人口老龄化现象。实际上，中国人口老龄化现象也处于不断变化之中，真正的挑战在于不能把人们对该现象某一群体的、某一阶段的、某些特征的认识本质化，看成是"铁板一块"的和"一成不变"的。中国人口老龄化现象是许多因素共同作用的结果，这些因素至少包括不断提高的人民生活水平和人口平均预期寿命、规模庞大的老年人口、快速的经济社会变迁和"尊老、爱老、养老"的敬老文化传统。

无数实践证明，"积极的应对"并不必然导致"问题的解决"。

---

* 原载《河西学院学报》，2013 年第 1 期，第 20–26 页，收入本书时有改动。

究竟该怎样认识和应对人口老龄化现象，仍是一个值得人们去思考、探索和实践的真问题。笔者认为，除了从法律法规和公共政策等正式制度的视角去认识和应对人口老龄化现象，还应该特别重视从非正式制度的视角去认识和应对它。本书拟通过裕固族敬老习俗的社会人类学描述与阐释，说明在实现社会控制的全部制度中，法律固然是其重要组成部分，但却不是全部，习俗作为"非正式制度"也具有相当的社会控制功能。

二、裕固族敬老习俗的文化描述

裕固族自称"尧乎尔"或"尧熬尔"，是古代中国北方游牧部族——回鹘不断融合蒙古族、藏族、土族、汉族等族形成的现代民族，现在主要聚居在甘肃省张掖市肃南裕固族自治县和酒泉市肃州区黄泥堡裕固族乡。据 2000 年第 5 次全国人口普查统计，裕固族共有 13719 人，人口结构属于"成年型"。但是随着经济社会的发展和外出流动人口的增多，裕固族聚居区人口正在由"成年型"向"老年型"过渡[1]。

勤劳勇敢、善良豪爽的裕固族人民有着敬老、尊老、爱老、养老的优良传统[2]。关于敬老习俗的来历，裕固族民间有许多动人的传说，大多与裕固族历史上重大事件——"撒里畏吾儿东迁"相互附会。[3]下面列举三则连续且较有代表性的传说[4]53-55。

"迎着太阳走"的传说：很久很久以前，裕固族在嘉峪关外生活，后来因异族入侵，人们不得不扶老携幼，赶着牲畜，风餐露宿，进行大规模的东迁。部落里的老人受不住长途跋涉，相继死去，只有安千赞吉的阿爸安巴特尔活下来了，然而他也辛劳成疾，举步艰难，安千赞吉就把阿爸装在"土布拉"（一种毛制的小口袋）里，驮在牦牛身上继续前进。但是，这种迁移既无人指挥，又没有目的地，人们多么渴望能有一个人走出来，带着大家朝着一个地方前进啊！安千赞吉看到乡亲们受苦受难，自己又拿不出主意，整天愁眉苦脸，唉声叹气。老人看到儿子心事重重，就问他为什么不高兴，有什么心事？安千赞吉告诉阿爸，部落离开故乡已有很长时间了，大家又不知道向什么地方去，路途艰难，部落里的老人死了，牲畜也死了一半，乡亲们都不知该怎么办。老人对儿子说，太阳从东边升起，到西边落下，我们只要迎着太阳升起的地方走，就一定能到达理想的地方，那里的人们都穿着"短腰子鞋"。安千赞吉把阿爸的话告诉了乡亲们，大家都非常高兴，部落里充满了欢乐，唱着"拉毛"（裕固族民歌句首衬词），赶着牲畜朝着太阳升起的地方走去。

"泡牛刨出水"的传说：裕固族被迫离开了自己心爱的故乡，几千人的队伍，浩浩荡荡向东迁移。不久，进入了浩瀚的大沙漠。没几天，全部落带的水都用完了，不少人因为缺水而死去。一天，安千赞吉捧着一盆羊血让老人喝，并流着泪告诉阿爸，死神已经降临，水喝光了，人们都在等待死亡。老人对儿子说，让泡牛（即公牛）去找水。儿子疑惑不解，多少年轻力壮的小伙子，四处找水都没找到，泡牛能找到水吗？老人告诉了他这样一件往事：一次，老人赶着牛羊放牧，突然狂风四起，飞沙蔽日，老人迷失方向，走进了沙漠，三四天没有喝到一口水，只好爬到泡牛背上行走。泡牛走一走，闻一闻，走到一个地方，前蹄乱刨，一会儿，出现了湿漉漉的沙，老人赶紧继续刨，水出来了。年轻的安千赞吉听后，高兴地把这事儿告诉了乡亲，人们赶出部落里所有泡牛，终于找到了水，而且水越出越大，天长日久，四周长满了青草，成了今日肃南裕固族自治县明花乡的东、西海子（湖泊）。

"钻石取火"的传说：裕固族在东迁过程中，遇到了很多困难。有一天，突然阴云密布，雷声大作，紧接着瓢泼大雨劈头盖脸而来，部落里所有的火都被雨淋灭了，人们又饿又冷，只好吃生肉，喝生奶。但这终究不是长久之计。安千赞吉的阿爸依据自己广博的知识，对儿子说，古人有钻木取火的事，我们只好钻石取火了。为了不使部落里的人失望，老人首先和儿子找石头相撞，打出了火。这时部落沸腾了，于是人们围着篝火跳起了欢乐的舞蹈。

裕固族人民历尽千辛万苦，克服重重困难，终于来到了祁连山下的八字墩滩上，来到了汉族居住的野马坪梁和康乐草原。从此，就在这一带游牧。人们感谢安千赞吉的阿爸安巴特尔，推选他为部落头目。从此，尊老、爱老、敬老相沿成习。

除了上述代表性传说外，裕固族聚居区内就敬老习俗之文化阐释的多样性也不容忽视，其多样性多为受周边汉族、藏族和蒙古族等族文化的影响而生成。2007 年，笔者在裕固族村落中收集到了裕固族文化和汉族文化交流的见证——一则名叫《丁兰刻木》的民间故事。

　　从前，有一个小伙子叫丁兰，父亲死得早，母亲辛辛苦苦把他养大，给他娶了媳妇。每天，丁兰很晚才上地干活，一到中午，他就撂下手中的活计，躺在一棵大树下乘凉，等着他的母亲给他送饭。他的母亲年纪大了，要是送饭来迟一点，他就狠狠地把母亲打骂一通，一点都不心疼母亲。有一天，丁兰正在大树下乘凉，等着母亲来给他送饭。他躺在树荫下，望着树上的老鸹窝，看见一只刚刚长大的老鸹，衔来食物，喂给正在窝里休养的父母。他想起前些日子，两只大老鸹还给窝里的小老鸹喂食，现在小老鸹长大了，给自己的父母喂食，心里很感动，也很难过。他感动的是小老鸹对自己的父母有如此的孝心，难过的是自己还不如飞禽，对待自己的母亲太粗暴了。他越想越难过，想起这时母亲该送饭来了，立马起身，前去迎接给自己送饭的母亲。刚走出不远，就看见母亲颤颤巍巍地给自己送饭来了，他赶紧迎上去。他的母亲看见丁兰朝自己飞奔而来，以为今天送饭又来迟了，儿子生气了。她害怕儿子大发雷霆，打骂自己，掉头就跑。老人家跑得太急，一头撞在了一棵大树上。丁兰急匆匆地赶到母亲身边，母亲已经断气了。丁兰抱着母亲大哭了一场，边哭边说："妈妈，我错了，我已经悔悟了，刚想着要好好伺候您，您就这样死掉了。"母亲死了，丁兰既伤心难过，又悔恨不已。他把那棵撞死母亲的大树砍倒，按照母亲的模样精心雕刻，几天就刻好了一个母亲的雕像。他把木头母亲背回家，立在供桌上，一日三餐按时给母亲献上。秋天到了，地里的庄稼丰收了，收了很多糜子，晾在自家的房顶上。这一天，丁兰去耕地了，丁兰的媳妇在家。媳妇在家忙里忙外，一会儿要上到房上去看看麻雀是不是在偷吃糜子，一会儿到屋里看看灶火里的火是不是还着着。媳妇突然想起木头母亲，就把木头母亲背到房上立起来，这样麻雀就不敢来偷吃糜子了。丁兰正在耕地，远远听见雷声阵阵，看见乌云翻滚而来，赶快收拾活计回家。回到家一看，木头母亲不在了，就赶快问媳妇："妈妈在哪里呢？"媳妇说："哎呀，我怎么给忙忘了，我把妈妈背到房上让她看糜子呢。"丁兰说："你这个坏家伙，怎么能把妈妈背到房上让她看糜子呢？"说话间，雷声大作，呼噜爷（雷神）在天上两眼睁得像铜铃。本来，呼噜爷听说了丁兰虐待母亲的事情，怒火中烧，这天就是来取不孝子丁兰的头的。呼噜爷从天上往地下看，看见老妈妈在狂风大雨中还蹲在房上看糜子，更加生气，正准备取丁兰的头，却看见丁兰噔噔噔上了房顶，小心翼翼地把母亲背好，背下房顶，进屋放在供桌上，给母亲献上茶饭。呼噜爷看丁兰已经改过自新，气消了一大半，临走前，给地上的人们留下了意旨：今后，谁再胆敢虐待父母亲，不孝敬父母亲，定要取谁的头。就这样，人间就留下了"呼噜爷要取不孝子女的头"的说法。[5]364-365

　　裕固人世代都认为，老人是族群的智慧和希望，并有"不听老人言，吃亏在眼前""驮不动的驮（duò）子老马驮，不知道的事情问老人""老人是尧乎尔的智慧和荣光"和"老人是一座金山"等习语。在裕固人家里，老人居于最尊贵的地位，备受尊敬。在日常生活中，家里有了好吃好喝，先要给老人吃喝，家庭主妇把第一碗饭、第一杯茶要端给最长者，然后按辈分和长幼次序依次而行。不管是在自己家里，还是在别人家里，老人和长辈都要坐在最尊贵的位置上。进门和走路，让老人和长辈走在前面。行人在路上遇见老人和长辈，会自觉地下马或停车，赶前问候，并招呼老人和长辈骑马坐车。晚辈未经许可，不得当着自己长辈的面喝酒、抽烟、大声喧哗，而且在任何场合，不得直呼长辈的名字。逢年过节，特别是过春节时，晚辈要向长辈拜年，长辈要给孩子们发"年份钱"，给老人拜年一般要敬献哈达，收到礼品后，老人也会给拜年者馈赠回礼。走亲戚，串门子，先问候、招呼老人后，才围老而坐，敬茶献饭。拜年者要郑重地邀请老人和长辈到自己家里做客，老人和长辈不一定在过年的时候，而是在他们认为方便的时候到晚辈家里做客，民间流传的"青草绊驴蹄，拜年还不迟"的说法实际就是形容老人和长辈随方便而行的特殊情形。即使一个素不相识的远方老人，突然来到裕固人家里，也要尊为上宾，以礼相待。此外，裕固人还有这样的习俗：老人在年事已高或行动不便时，年轻人要主动喂马备鞍，扶老人上马；走路遇到危险时，让老人走在后面；老人生了病，不管是同户族的，还是邻居，都前往看望等。

婚礼是裕固人一生中最盛大的节日。届时，男方、女方家都邀请老人和长辈出席，并以此为荣。一般，婚礼由本地掌今博古的老人主持。在婚礼上，老人要说唱或讲述婚礼的来历——"阿斯哈斯"，祝福新人白头偕老，生活幸福美满。在筵席上，非常讲究座次，老人和长辈要坐在上席，按辈分和长幼依次排座，一般要由专人负责，而且，老人先动了筷子，其他人才能搛菜夹肉，老人端了第一杯酒，其他人才能饮酒。其他文化和宗教活动，例如酒会、赛马会、寺院大会等活动也会自觉地敬老。部分裕固人还有为老人过寿的习俗，一般亲戚和邻居都会前往祝寿。据说，使用东部裕固语的裕固人曾有为 88 岁老人过寿的习俗，但现在已经失传了。[6]

在裕固人聚居的地方，家里和集体的大事、小事都要征求老人的意见。邻居或户族里有人争吵、打架、发生不愉快的事情时，要请当地或户族里的老人们出面劝解或提出意见，这些意见是不得违抗的。中华人民共和国成立前，部分裕固族地区设有"地方老者"和"户族老者"（户族长）。在部落头目的领导下，地方老者管理本地区的若干户族，调节地方纠纷，催缴本片户族的茶马（中华人民共和国成立前，裕固族上缴政府的赋税，即交马换茶）等，任期一年，管理本户族的内部事务。户族老者由选举产生，多为德高望重、办事公道的老人担任，每年选举一次，可连选连任，不称职的也可随时改选[7]28。

在裕固人家里，儿女赡养父母是天经地义的事儿。若有对父母忤逆不孝的人，不但受人取笑，还会受到惩罚。儿子成家之后，所分财产的多少取决于父母的意愿，按照惯例，幼子继承父母家业，并和父母生活在一起。有的老人家中没有强劳力或男丁，村里的男人会主动上门帮助干重活，妇女们则按季节给老人洗衣缝被，捻线织褐，周到地照料老人的生活。无儿无女的老人，村里人都有义务赡养，直至老人去世。

老人去世后，要举行隆重的葬礼。出殡时请喇嘛念经超度，亲戚和邻居都来送葬。亲人在七天或四十九天内，男子不剃头，女子不梳头。几年后重修坟墓，逢特殊时节，如清明等，亲人要上坟烧纸，以示对逝者的缅怀和哀悼。裕固人视祖坟为神圣和干净的地方，任何不洁的东西不能带到祖坟，在坟地不能大声喧哗，说脏话、粗话，不然会受到祖先灵魂的惩罚。

裕固人从婴幼儿时起，就接受尊老、爱老的教育，帮助老人做力所能及的活儿，使裕固人从小树立起一种观念：一个不尊重老人的人是得不到社会尊重的。总之，尊老、爱老、养老是裕固族的美好品德。

三、裕固族敬老习俗的文化阐释："非正式制度"的视角

社会究竟是如何可能并有序运行的？这是一个令许多社会科学家魂牵梦萦、值得奉献一生去探究和解释的根本问题。人类学研究业已发现，每个社会都曾确立系统的制度，去鼓励和限制人们的行动，尽管"系统的制度"是具有多样性的。通过制度的奖励和惩戒，一个社会对其成员也就实现了一定程度的控制。为了方便分析，人们常常把"系统的制度"分解成"正式制度"和"非正式制度"。

整体上来看，对正式制度的深度研究已经汗牛充栋、颇为透彻，而对非正式制度的研究泛泛而论者居多，以"基于证据的"（evidence-based）深度经验研究（in-depth empirical studies）还较为少见，有待开掘。实际上，非正式制度是一个值得并日益引起重视的社会领域。尽管还没有人能给出一个让人们普遍接受的定义，但是目前已经取得的共识是：①非正式制度是在人类社会发展和历史演进过程中形成的；②非正式制度更多地指那些人们在长期交往和互动中形成的价值观念和行为准则；③相对于正式制度的"有意为之"和"自觉"的特点，非正式制度更多地带有"自然而然"和"自

发"的特点。在社会人类学领域，"制度"是最重要的研究对象之一，特别是在英国的社会人类学研究传统里，把"文化"当作"制度"来研究是其最富特色的预设。回顾社会人类学发展史，虽然各个理论学派，从古典社会进化论，到现代的功能主义、结构主义等，大都没有直接使用"非正式制度"这一术语，但他们的考察对象都涉及了"非西方文化"中的非正式制度，比如，马凌诺斯基（又译马林诺斯基、马林诺夫斯基）和利奇等人就探讨了"非西方文化"中的人际关系、政治结构以及风俗习惯等非正式制度。非正式制度的内涵一般局限在社会普遍认同，但没有被国家依靠军事力量和意识形态，利用各种社会设置（social institute）、法规政策等加以制度化的社会现象，包括行为规范、风俗习惯、道德观念以及仪式与信仰等。很明显，与正式制度相比，非正式制度所对应的是一个更加广阔的"体制外"领域[8]126-128。

　　裕固族是一个典型的"小族群"（small ethnic groups），其社会也是一个典型的"小型社会"（small-scale societies）。裕固族"小型社会"是镶嵌并成长在中国大社会系统中的一个基层子系统，受大社会系统影响在所难免（前述《丁兰刻母》的故事即是明证），因此对大社会系统的考察也是必要的。乡村建设运动的理论旗手、对"传统中国问题"有着精深研究的梁漱溟先生曾指出，传统中国社会是一个"伦理本位"的社会，亦可说传统"中国社会以伦理为组织"，自古有"以孝治天下"之说[9]134-139。著名人类学家费孝通先生从基层社会结构的角度指出，"乡土中国"传统上是一个"没有法律"制度的社会，但没有法律制度并不影响这个社会的正常运行秩序。在"乡土中国",可以依"礼"而治。"礼是社会公认合式的行为规范。……礼和法的不相同的地方是维持规范的力量。……维持礼这样的规范的是传统"。[10]71 也就是说,在社会人类学看来,"乡土中国"的"礼"实质上就是人际伦理规范和日常行为准则等一系列的"非正式制度"。国家对基层社会的控制通过"礼"来实现,而基层社会自身也会自觉地以"礼"来维持正常的社会关系[10]68-84。中国人类学之父,被鲁迅先生誉为"19 世纪末叶最敏感的人"的严复先生,亦从比较社会学的角度指出,"中西事理,其最不同而断乎不可合者莫大于中之好古而忽今,西之力今而胜古",可见"惟古是法,以老为宝"的确是传统中国社会的重要价值取向 [11]141-147。

敬老习俗是裕固族社会的重要传统之一。正如费孝通先生指出,"传统是社会所累积的经验";"文化本来就是传统,不论哪一个社会,绝不是没有传统的"[10]71-72。从社会发展和文化传承的角度而言,几乎所有族群或社区都是通过教育,亦即使其成员社会化来实现其自身的再生产的。在裕固族社会中,家庭是培养敬老意识和行为的重要场所。长辈的言传身教、榜样示范,晚辈的观察模仿、耳濡目染,是敬老习俗再生产的主要方式,加之整个户族、邻里和村落都把是否敬老当作评价儿童是否有礼貌,成人是否有出息的重要依据,营造出一种上慈下孝,上贤下明的文化生态,使其成员均陶冶浸没其中。

在裕固人中,祖先崇拜之风甚烈,可以说,在裕固人的心目中,他(她)们都是生活在"祖荫下"的。中华人民共和国成立前,在临近汉人农庄的部分裕固人户族，即有请能舞文弄墨的"先生"或"秀才"撰写家谱的事迹。家谱被视作神圣之物，压在佛爷匣子（佛龛）下，以示族人在佛祖和神灵的佑护之下。特别要指出的是，"上坟烧纸"是再生产敬老意识和行为的重要仪式。裕固人认为给先人上坟烧纸是每一个人应尽的义务。以中华人民共和国成立前居住在今肃南裕固族自治县明花乡前滩片的裕固人为例，他们可以为祖先烧纸的时间是农历清明节、七月十五、十月初一、春节前（一般是大年三十或腊月廿九），其中，尤其是清明节和春节前，一定要祭祀祖先，携带祭品，如冥钱、油馃、阴阳茶等前往祖坟，先烧起一堆火，把祭品投入火中，口中念念有词，如"太爷太太，闻油香来""爷爷奶奶，喝茶来"，临完，给祖先磕三个头。祭品并不全部用于祭祀，要留一部分，分给参与祭祀的人，特别是年幼的成员，意为分享祖先的佑护。整个祭祀活动，参与的人越多越好，特别强调要带儿童青少年参与祭祖。但是，结过婚的妇女，或处于月经期的妇女不允许到祖坟参加祭祀，因为她们被视为是不干净的，而祖坟是干净的处所。其他时间，如遇婚丧嫁娶，出远门、修新房等都要祭奠先人。明花乡的裕固人还保留着古老的取数字名字的习俗，多以孩子出生时祖辈父母的年龄为名（取虚岁数，即在周岁上加一岁），如四十八、五十三、六十三等，象征着生命生生不息，户族人丁兴旺[5]122-123。

　　无数实践证明，正式制度不是万能的，非正式制度也不是无能的，相反，正式制度和非正式制度之间常常是相互依存，相辅相成的关系。虽然敬老习俗是裕固人"小型社会"中民俗教化系统组成部分之一，且相对于现代的学校教育和现代法律等制度而言，是"非正式制度"，然而直到现代化运动如火如荼的今天，敬老习俗仍然在传承绵延，发挥着不可替代的功能。所以，在新的历史条件下和和谐社会建构过程中，为了迎接"老龄社会"的挑战和实现社会主义新农村建设目标，应该充分重视和发挥敬老习俗等非正式制度的价值和作用。

综上所述，笔者论述的主旨正如美国人类学家墨菲（Robert F. Murphy）所指出的那样，"在我们的社会中有一个普遍的信念，认为社会控制，或维持社会秩序，完全取决于制约行为的正式法律以及对越轨者的法律制裁。然而我们看到，实际过程更为微妙，更加普遍，因为它深深地嵌入社会生活之中。我们的社会中非正式的、非法典形式的途径也可达到社会控制，这些途径能极其有效地使大多数人安分守己"[12]195。

四、结语

虽然，自第二次世界大战后人类学就介入了对人口老龄化现象的田野调查和文化阐释中，在帮助人们深入认识该社会现象和逐步摆脱"恐老征"（gerontophobia）上有大量积极作为和显著成就[13]。但是，笔者从非正式制度视角对裕固族敬老习俗进行人类学的描述和阐释，却无意指出（或暗示）遵从（或恢复）敬老习俗是应对人口老龄化的直接、有效方法。从人类学的整体观和变迁观出发，我们必须认识到：①随着中国社会由传统社会向现代社会的转型，包括裕固族社会在内的中国社会结构和文化形式都发生了巨大的变

化，包括裕固族敬老习俗在内的中国传统敬老习俗都受到了不同程
度的冲击；②要想使敬老习俗充分发挥它作为非正式制度的社会控
制功能，还必须在尊重经济社会发展程度、趋势和各地区、各阶层、
各民族公众的文化主体性的前提下，审时度势、慎终追远地进行传
统文化资源的"创造性转化"以为今用，只有这样，我们才能既不
失文化传统，又解决社会问题。

参考文献：

[1] 巴战龙.社区发展与裕固族学校教育的文化选择：人口较少民族乡村学校教
育的民族志研究[C] // 滕星，张俊豪（主编）.多民族文化背景下的教育研究.北
京：民族出版社，2009：197-282.

[2] 巴战龙.裕固族敬老习俗漫谈 [J].中国土族，2003（2）：65-66.

[3] 巴战龙.裕固族"弃老—敬老"型民间传说的内涵初探 [J].阳关，1999（6）：
34-37.

[4] 安建均，安清萍，等.裕固族民间文学作品选 [M].北京：民族出版社，1984.

[5] 巴战龙.学校教育·地方知识·现代性：一项家乡人类学研究 [M].北京：
民族出版社，2010.

[6] 安玉红.东部裕固族仪式祝词收集整理研究 [J].西北民族大学学报（哲学社
会科学版），2008（4）：95-102.

[7] 范玉梅.裕固族 [M].北京：民族出版社，1986.

[8] 丁钢.在历史与现实之间：中国教育传统的理论探索 [M].北京：教育科学出
版社，2002.

[9] 梁漱溟.中国文化的命运 [M].北京：中信出版社，2010.

[10] 费孝通.乡土中国 [M].北京：北京出版社，2005.

[11] 刁培萼.教育文化学 [M].南京：江苏教育出版社，2000.

[12] 墨菲.文化与社会人类学引论 [M].王卓君，吕迺基，译.北京：商务印书馆，2004.

[13] 索科洛夫斯基.步入盛年的老龄化人类学.杨春宇，译 [C] // 纳斯，张继焦.当今国际人类学——国际人类学与民族学联合会的历史及其各专业委员会的论文.北京：知识产权出版社，2009：170–184.

裕固族乡村社区发展历程与模式的
社会人类学分析 *

一、引言

作为一个"后发现代化"的国家，中国正在经历着一个从"乡土中国"到"城市中国"的变迁历程，其中充斥着欢笑和泪水、冲突和团结，交织着亢奋和失落、光荣和屈辱。如何观察、描述和解释这个急遽、复杂和巨型的变迁历程？在硕果累累的乡村研究界，经过费孝通、林耀华、杨懋春、许烺光等老一辈学者的奋力开拓和庄孔韶、周大鸣、王铭铭、阎云翔等新一代学者的着力接续，"乡土中国"的人类学研究业已成为这个舞台的主角之一，并且已经发展出从乡村社区观察中国社会等多种研究路径[1]。

正是在这样的时代背景和知识脉络中，自 2003 年年底笔者拟定第一个规范的民族志研究计划开始，2004 年至 2008 年笔者在裕固族聚居地——甘肃省肃南裕固族自治县的明花（区）乡完成了两项以探究"学校与社区关系"为主旨的民族志研究[2][3]。从 2006 年起，笔者还带领中央民族大学中国少数民族地区基础教育研究中心的研究小组在另一个裕固族聚居地——肃南裕固族自治县皇城镇完成了一项以探究"学校课程与社区发展关系"为主旨的行动人类学研究[4]。

---

* 原载《西北民族研究》，2011 年第 4 期，第 48-53 页，收入本书时有改动。

在本书中，笔者致力于根据自己田野研究所得的经验资料，主要以明花乡为例，对裕固族乡村社区发展历程与模式作出社会人类学分析。

二、裕固族乡村社区发展历程：以明花为例

"明花"这一地名取明海、莲花两个藏传佛教寺院首尾字谓称，是时代的产物。1947 年以前，明花主要是裕固族亚拉格家（部落）和贺郎格家（部落）驻牧地，现在的行政建制是一个乡，由 14 个村委会组成，属甘肃省张掖市肃南裕固族自治县管辖。

人类学研究社会变迁或文化变迁的常用方法是持续观察法（亦称纵向研究法），即把田野研究固定在一个社区或人群上，每隔一段时间就进行调查，较为精确地记录该社区或人群发生的变化，在描述"什么变"和"怎么变"的基础上，解释"为什么变"。自 1996 年以来，笔者利用该方法收集了大量关于明花社区变迁的资料，2008 年写出了以"学校教育和地方知识的关系"为切入点描述和解释明花社区现代性百年（1907—2007）历程的民族志，[3] 将明花的社区发展历程按其主要的状态和潮流粗略划分为以下几个阶段：① 1907—1939 年，即将破碎的道德主义社区；② 1939—1949 年，初受启蒙的现代主义社区；③ 1949—1958 年，充满朝气的理想主义社区；④ 1958—1978 年，"左"倾激进的政治主义社区；⑤ 1978—1992 年，初步繁荣的经济主义社区；⑥ 1992—2007 年，急速变迁的多元主义社区。

在中国西北少数民族地区的乡村社区中，明花社区的发展历程

有一定的代表性。回首百年，这个乡村社区发生了多面向的系统变迁：①从族群文化的角度而言，从一个以尧乎尔（裕固族自称）为绝对主体的单一族群文化社区转变为一个以尧乎尔为主体的，有汉族、藏族、土族、蒙古族、哈萨克族等组成的多元族群文化社区。②从语言文字的角度而言，从一个以尧乎尔语（西部裕固语）和藏文为主，以汉语方言和汉文为辅的社区转变为一个以汉语方言和汉文为主，以尧乎尔语为辅的社区。③从婚姻与继嗣制度的角度而言，从一个双系并行（明媒正娶婚行父系继嗣制度，帐房戴头婚行母系继嗣制度）的社区转变为行一夫一妻制和父系继嗣制度的社区。④从生计方式的角度看，从一个以畜牧业生产为主，以手工编织和驼队运输为辅的社区转变为一个以农业为主，以牧业为辅的、多种生计方式并存的社区。⑤从社会组织的形态而言，从一个传统部落社会转变为一个现代乡村社会。⑥从政治制度和社会控制的角度而言，从帝制王朝的部落联盟制下以头目世袭制为主、户族精英为辅的习俗—权威型控制方式，转变为一个民族国家中民族区域自治制度下以党政科层制的资源—利益型控制方式。⑦从宗教信仰的角度而言，从一个格鲁派藏传佛教和萨满教并存，祖先崇拜之风甚烈的社区转变为寺庙衰落、唯祖先崇拜仍广为流行的社区。⑧从教育的角度而言，现代学校教育取代了传统寺庙教育成为社区的主要教育组织形式，学校取代寺庙成为"知识—文化"传播的中心，在青少年儿童的文化成长过程中，之前家庭教养扮演着中心角色，至少在乡民的观念上被学校教育替代。

三、"政府主导型"社区发展模式形成的历史背景

1912 年，"中华民国"宣告成立，同时宣告了中国历史从封建王朝的更迭走上了现代民族国家的建设道路，处于华夏边缘的裕固族地区也不断被卷入了这一"现代性"的建构历程，裕固族原有的"部落联盟制度"逐渐瓦解。1947 年，地方政府在裕固族地区推行"保甲制"，族内的有识之士提出"七族黄番不分家"的族群团结口号就是对当时情形的回应。直到 1949 年前，裕固族传统政治制度及驻牧地和农耕区一直是一个整体。

1949 年以后，特别是 1954 年裕固族实现民族区域自治以后，现代的党政科层制最终取代了"部落联盟制度"。1958 年开展以"废除封建部落制度和宗教中的封建特权与压迫剥削制度"（简称"反封建"）为内容的斗争之前，现代行政科层制的渗透和建立曾一度借助裕固族原有的政治"权威"观念，部落上层和宗教上层人士纷纷出任行政职务。1958 年"反封建运动"、1959 年"大搬迁"后，裕固族的居住区域变成了不连续的三块区域，裕固族的传统文化遭受了极大的打击[5]。1978 年中国共产党十一届三中全会前，裕固族文化已经开启了一个"重构"的历程。至此，裕固族已经是一个现代意义上的民族，其文化也是现代意义上的文化。

党的十一届三中全会召开至今，裕固族地区处于改革发展期，落实并进一步完善了民族区域自治制度，裕固族文化发展开启了新篇章。其中最典型的成果是，本民族知识精英文化（以文学艺术创作和学术研究为主体）的形成与发展（通过阅读绝大多数裕固族

作家的书面文学作品、裕固族学者的学术作品以及通过社会交往观察他们在日常生活中的所思所想所行，笔者认为，裕固族知识精英文化形成和发展的内在动力就是他们力图在发展中寻求"传统"与"现代"的某种平衡）。与此同时，"民间文化"也逐渐成为"精英文化"的资源，并趋于"定型化"和"刻板化"。

当代，尽管行政权力处在不断的"下放"过程中，但谁都不能，也无法否认在社会发展过程中和当下的日常生活中政府扮演的"主导"角色和地位。这样的背景中，裕固族地区和明花社区的发展模式是"政府主导型"模式。

四、对"政府主导型"社区发展模式的文化人类学分析

以"理性人"为人性假设的科层制是绝大多数社会学家和人类学家公认的现代性最典型的特征之一，它也是政府主导作用得以发挥的制度基础。"政府主导型"模式在 1992 年之前的社区发展中起到了它应有的作用。1994 年，为适应市场经济和经济体制改革的需要，政府对税收制度和管理体制进行了一次范围较大、程度较深的改革——分税制改革。这次分税制改革最直接的目的是提高财政收入在国民收入中的比重和中央财政收入在整个财政收入中的比重。这次改革在取得成功的同时，也带来了很多问题，由于忽略了地方的利益和地方税体系建设，对地方政府行为产生了扭曲效应，典型表现为地方政府收费偏好有增无减。于是，在乡村社会，地方政府收费以各种名目迅速膨胀，费税比例失调，费大于税的现象比比皆是。当时在明花，产生了乱收费和以公谋私、权钱交易的腐败现象，

造成了干部和群众关系的极度紧张，损害了地方政府的形象：干部几乎全部的工作精力转向如何收税（费），工作满意度极低，挨骂受气；群众生活水平和满意度急剧下降。根据笔者的调查，这次改革的后果是影响了明花乡村社会群众百姓与地方政府和基层干部的信任关系。如何重塑这种信任关系，成为"新农村建设"时期地方政府和干部"亟须解决的问题"。

在2007年的田野调查中，笔者深深感到明花的干群关系虽然比免除农业税（费）以前有所好转，但是，仍然较为紧张。群众对干部仍然很不信任，主要是认为干部在一些直接涉及社区和乡民利益的"关键的事情上"没有为群众做主，没有维护群众的利益。群众对干部形成了刻板印象，腐败问题仍然是群众痛恨的问题。干部对有些村子的群众也形成了刻板印象，认为他们是"刁民"，不和政府合作，总认为干部都是"贪官"，整天不干工作在睡大觉。总体上，干群之间的有效互动和沟通太少，彼此不了解、不理解、不谅解。

政策落实的"时间差"和"准确性"也可能是导致群众对基层政府不满的原因。在信息媒体单一且不发达的过去，国家的纲领路线和方针政策都要依靠制度性机构层层传达下来，干部拥有比群众更多、更早的知情权和解释权。现在，这些"官方知识"或官方信息传播的渠道多样化了，特别是电视的普及使得大部分群众通过电视节目，尤其是新闻节目和与"三农问题"相关的节目就可了解和掌握这些知识和信息。与东部地区相比，西部地区的各项政策和精神的落实相对滞后，所以，等各种"支农""惠农"的政策真正落实下来时，群众期盼已久，没有了"惊喜的感觉"，满意度也比较低，甚至就一些新政策的出台背景和执行落实而言，群众比干部掌握得还多、还细、还到位。随着"微波电话"和移动电话的普及，人们还有能力就政策落实的实际情况与邻近地区做对比，看看乡村干部有没有像自己声称的那样为百姓尽力争取更多的实惠。

笔者在明花社区完成的两项民族志研究都遵循了功能主义社会人类学的研究范式。功能主义社会人类学向来注重对社会制度，特别是政治制度的研究，也就是说，"不同的功能论分别从文化与个人需要与社会秩序对于人的生活的'必然意义'两方面入手，解释制度与人的日常生活之间的关系"[6]58。笔者的田野调查说明，以明花社区为代表的裕固族乡村社会的政治过程相当复杂，至少受到党政科层制、邻里关系、亲属关系、性别、家族、族群等因素的影响，常常是其他因素围绕党政科层制所提供的权力和资源共同发挥作用的过程。

利弊总是相伴相生的，明花社区田野调查结果显示，"政府主导型"社区发展模式有优点，也有缺点。根据对田野调查所获的资料和经验的分析，笔者认为，"政府主导型"社区发展模式夸大了政府在社区发展中的功能，导致现实中地方政府权力过大，从而压抑了广大人民群众在社区发展历程中的积极性、主动性和创造性。很多群众常常以"旁观者"，而不是"参与者"的立场来热情评论自己社区发展中的种种"事件"，但一旦现实的政治参与机会到来时，他（她）们却并不主动参与。

五、社区发展模式的转型：从"政府主导"到"乡民自主"

许多致力于社区发展的行动研究证明，"民主""平等""自由"等这些现代理念对于社区居民来说并不能直接被给予、被灌输，社区居民只有在参与发展的过程中才会不断认知、体验和确立这些理念。也就是说，要想使社区居民获得"民主""平等""自由"等这些现代理念，参与式"自主型"的社区发展模式是最重要的途径。因此，包括明花在内的裕固族乡村社区发展模式必须转型，尽管这可能是一个相当长的历程。政府应从"管制型政府"向"服务型政府"过渡，提供最广泛的群众参与社区发展的重大决策制定、实施和评估的机会、途径和渠道，让广大群众在平等参与社区发展历程中，学会为自身利益辩护，学会利用法律武器捍卫自身的权利，获得现代民主决策的知识与技能，进一步提高发展社区各项事业的积极性、主动性和创造性。

长期以来，乡村常常被看成是传统的、落后的，因而是需要被改造的。从人类学的角度看来，这并不公允也不符合事实。大量乡村社区发展的实例证明，乡村社区常常拥有极有价值的社会资本、人力资本及生态环境、自然资源的地方知识（local knowledge）[7]，而这些资本和知识完全可以被利用起来，以实现发展的目标 [8]143。

明花的田野研究说明，干群关系是影响社区发展的极为重要的因素。要解决"官"与"民"的信任问题，政府应该积极主动地采取措施改善干群关系，要为群众参与决策过程提供机会和舞台，建立和落实领导干部问责制，减少决策失误，严厉打击和惩治腐败，主动维护好、实现好最广大群众的根本利益。干部要转变"居高临下"的工作作风，要善于和群众沟通交流，积极拓宽和增多与群众沟通交流的渠道和方式。

"社区发展，有时被认为是一种'过程'（process），有时被认为是一种'方法'（method），有时被称为是一种'规划'（program），有时也被称为是一种'运动'（movement），实则各种特性兼而有之。"[9]83 在这里，重申社区发展的现代含义是非常必要的。联合国社会局于 1955 年发布的《通过社区发展促进社会进步》（Social Progress through Community Development）的文件中，对社区发展作了解释，即：①经由地方行动，以获致社会进步的种种政策及其应用的方法与程序，通常称为社区发展；②社区发展可认为是一种经由全区人民积极参加与充分发挥其创造力量，以促进社区的社会进步与经济情况的工作过程；③社区发展乃是经由社区人民自觉自动的参加，而促成全社区经济社会进步的过程。联合国于 1956 年所发表的另一项文献对社区发展的意义也有明确的说明："社区发展指人民共同努力并与政府有关机构协同改善社区的经济、社会和文化情况，同时将社区统合于国家整体生活之内，使其对国家的进步更能有所贡献的历程。"[9]83 1960 年联合国出版的《社区发展与经济发展》指出，社区发展是一种教育过程，即由人民以自己的努力与政府及其相关部门配合一致，来改善社区的经济、社会和文化环境。总之，社区发展强调靠社区民众自身力量去改进社区状况，是以社区为单位的，有计划、有组织的社会变迁。作为一项世界性的运动，社区发展经联合国的提倡，引起了世界各国的普遍重视，尤其是近年来越来越受到许多国家和政府的欢迎和推广而迅速发展。

我们强调乡民自主型社区发展，也就是说在社区发展过程中，把民众置于中心位置，但并不因此忽视、否认和抹杀政府的作用。大量的乡村社区发展实例已经证明："无论是在国家的、地区的抑或地方的层面，政府都是一个重要的力量，可以推动良性的农村发展，支持民众的生计"[8]145-146。

六、结语

裕固族东部的肃南裕固族自治县皇城镇，中部的肃南裕固族自治县康乐乡、大河乡和红湾寺镇，西北部的肃南裕固族自治县明花乡和酒泉市黄泥堡裕固族乡由于生态环境、生计方式、社会组织、周边族群等因素的影响，其发展历程有一定的差异，但是其发展模式却有惊人的一致性。这表明，裕固族乡村社区发展并不完全取决于其内部因素，外部因素特别是国家的政治经济制度与意识形态及各种纲领、路线、方针和政策起到了相当大的形塑作用。尽管如此，我们在观察和研究裕固族乡村社区发展时，不应忽视、否定和抹杀包括个体水平上的裕固人的生活策略在内的社区的"能动性"（agency），从而过度渲染"结构决定论"（structural determinism）[10]。

现代性历程证明，明花的发展是与裕固族地区的发展、国家的发展紧密联系在一起的。让我们把国家提出的"学有所教、劳有所得、

病有所医、老有所养、住有所居"作为一种愿景，为像明花一样的
乡村社区的人们追求和实现现代化发展提供参考。

参考文献：

[1] 王铭铭 . 社会人类学与中国研究 [M]. 桂林：广西师范大学出版社，2005.

[2] 巴战龙 . 社区发展与裕固族学校教育的文化选择——人口较少民族乡村学校
教育的民族志研究 [D]. 北京：中央民族大学，2005.

[3] 巴战龙 . 人类学视野中的学校教育与地方知识——中国西北一个乡村社区的
现代性百年历程（1907—2007）[D]. 北京：中央民族大学，2008.

[4] 项目小组 . 甘肃省肃南县皇城镇经济文化类型与初中地方性校本课程建构项
目简介 [J]. 尧熬尔文化，2006（2）：59–60.

[5] 巴战龙 . 历史人类学视野中的"一九五八年"[J]. 社会科学论坛（学术评论卷），
2008（11）：107–119.

[6] 王铭铭 . 漂泊的洞察 [M]. 上海：上海三联出版社，2003.

[7] 巴战龙 . 地方知识的本质与构造：基于乡村社区民族志研究的阐释 [J]. 西北
民族研究，2009（1）：160–165.

[8] 哈尔，梅志里 . 发展型社会政策 [M]. 罗敏，范酉庆，译 . 北京：社会科学文
献出版社，2006.

[9] 郑熙彦 . 学校教育与社区发展 [M]. 高雄：高雄复文图书出版社，1994.

[10] 巴战龙 . 关于裕固族传统文化消亡问题的几点社会人类学思考 [J]. 甘肃民族
研究，2007（4）：96–101.

百年明花研究的回顾与评论 *

——一个裕固族乡村社区的学术史

一、引言

在享誉世界的古代"丝绸之路"东段，有一个狭长蜿蜒的绿洲、戈壁、沙漠交错分布的条形地带，形似"走廊"，因为古代的甘州和肃州像两颗明珠镶嵌在走廊上，故称"甘肃走廊"，又因为位于中华文明的"母亲河"——黄河以西，故又称"河西走廊"。从张掖（古称甘州）到酒泉（古称肃州），自东向西在国道312线上稀疏分布着汉人农庄、城镇、国有农场等。从属于现张掖市管辖的高台县元山子村到属酒泉市管辖的肃州区东沟村一线，往北远远可以看见绿洲农庄、荒漠沙丘、草滩人家，这里就是笔者10余年来断续从事田野研究的地点——明花。

1947年以前，明花主要是裕固族亚拉格家（部落）和贺郎格家（部落）驻牧地，现在的行政建制是一个乡，由3个片（明海、莲花和前滩）14个村委会组成，属甘肃省张掖市肃南裕固族自治县管辖。

自1996年以来，笔者利用人类学研究文化变迁的常用方法——持续观察法（亦称纵向研究法），对中国西北一个裕固族乡村社区——甘肃省张掖市肃南裕固族自治县明花乡进行了数次田野研

---

* 原载《河西学院学报》，2009年第4期，第6-13页转45页，收入本书时有改动。

究，期间收集了大量关于这个社区的资料，2008 年写出了以"学校教育和地方知识的关系"为切入点描述和解释明花社区现代性百年（1907—2007 年）历程的民族志 [1]。本书即是在这项民族志研究的基础上，尽量简洁地对百年（1907—2007 年）"明花研究"进行回顾和评论，试图在相关文献资料分类回顾和简要评议的基础上对作为一种地方知识的裕固族乡村社区学术史建构作些尝试。

二、明花研究的回顾

从笔者已经掌握的文献资料看来，自从芬兰前总统马达汉（1867—1951，又译曼内海姆或曼纳海姆）1907 年访问明花的撒里尧乎尔（操西部裕固语的裕固人的自称）人，并留下了关于明花的撒里尧乎尔的文字记述以来，截至目前，关于明花的研究已经走过了百年历程，留下了大量的简单记述、地方志和学术研究成果，为进一步研究这个乡村社区的社会结构和文化形式之变迁奠定了较好的文献基础。为了较为清晰地展示"明花研究"的基本框架和具体内容，兹将这些主要的文献资料分类综述如下。

（一）综合性研究

1907 年 12 月 14 日至 12 月 16 日，马达汉到马庄子（今肃南裕固族自治县明花乡莲花片一带）访问，留下了关于明花撒里尧乎尔族群文化的田野日记和民族志记述 [2]。这些记述引起了学者，特别是裕固族本民族学者的重视，贺卫光、钟进文和安惠娟等人先后翻译，并发表和刊印过这部分资料，为今天的研究奠定了较好的基础。①

"中华民国"蒙藏委员会调查室编写的《祁连山北麓调查报告》中对撒里尧乎尔（包括明花一带的撒里尧乎尔）的来源、居住环境、生产方式、宗教习俗及周边族群情况作了较为详细的描述，是中华人民共和国成立前关于裕固族社会情况的一份重要调查报告，但是限于当时的历史条件，田野调查不够深入，有些观点过于武断且一些重要的社会和文化现象被忽视。[3]

江波的《如何对待少数民族文化与社会发展——甘肃西部裕固族村落的人类学考察》，是作者在 1994—1996 年间 6 次考察原明花区黄土坡村的基础上，从牧农经济、人口迁移、宗教发展、生活习俗、文化教育、生态环境六个方面阐述了裕固族在当时市场经济条件下的发展变化情况。作者在文末指出应该关注裕固族文化变迁，并且针对"民族教育"，指出："少数民族教育面临的最大问题是人才外流和民族文化的传承。从黄土坡村的情况看，赴外地上大学、大专和中专的学生基本上不再返回家乡，而本地的高中、初中毕业生也大都外出打工、做生意，有文化的村民很少将自己的前途与本地区的发展联系起来。这种状况促使我们必须思考少数民族地区的教育结构与社会发展的关系。目前，少数民族地区要走出贫困，迫切需要有实用知识和各种专业技术的人才。这就为大力发展职业教育提供了广阔的空间。牧区的职业教育必须针对当地经济发展的实际需要设置专业和课程，使学生感到自己所学知识有用武之地。同时，少数民族教育还应把握一个重要原则，就是引导学生自觉地关注本民族的进步与发展，适当增加有关民族文化的课程，用理性的眼光看待民族发展和民族文化继承的互动关系。"[4]

　　2004 年，为配合肃南裕固族自治县成立 50 周年庆祝活动，中共明花区委、明花区政府编印了《肃南县明花区基本情况简介》，对明花区的经济社会与文化教育发展状况作了简要的介绍。[5]

　　《肃南裕固族自治县明花区志》是第一本关于明花社区的地方志，是裕固族地区第一本公开出版发行的乡村志书。全书正文分 13 章，分别是：第一章——概况；第二章——历史沿革；第三章——经济；第四章——武装；第五章——教育；第六章——文化艺术；第七章——卫生；第八章——体育；第九章——语言；第十章——宗教信仰；第十一章——风土人情；第十二章——人物；第十三章——大事记。书末附有非常珍贵的 23 份附录。[6]《明花区志》是群策群力的成果，是明花籍裕固族国家公职退休人员、在职人员与裕固族学者通力协作，集体编撰的成果，其文献价值是不言而喻的，但是它的象征价值则更大，是对明花社区地方知识的搜集整理和编纂书写的有益尝试。它的出版，对记载社区历史，凝聚社区人心，抢救民族文化遗产，弘扬民族文化传统具有重要意义 [7]。

（二）西部裕固语研究

　　西部裕固语研究是裕固族研究和国际突厥语研究的一个重点领域，在 19 世纪 80 年代就引起了国内外学者的兴趣，至今国内外学者的兴趣不减。西部裕固语研究也是裕固族研究成果最丰富、学术发展连续性最好的领域，产生了一批重要而且很有成就的学者，像波塔宁、马达汉、马洛夫、捷尼舍夫、陈宗振和雷选春夫妇、耿世民、钟进文、柯拉克、玛蒂·茹斯、王远新、杜曼·叶尔江等。据笔者所知，西部裕固语研究在未来几年还会出现水平很高的作品。截至目前，较有代表性的研究成果有：马洛夫的《西部裕固语·词汇与语法》（*Jazyk želtyx uigurov. slovar' i grammatika*）、《西部裕固语长篇话语材料及其译文》（*Jazyk želtyx uigurov. Tekstyi Perevody*）；捷尼舍夫的《裕固语》（*Jazyk želtyx uigurov*，与托达耶娃合著）和《西部裕固语的结构》（*Stroj saryg-jugurskogo yazyka*）；陈宗振和雷选春编著的《西部裕固语简志》；雷选春编著的《西部裕固汉词典》；陈宗振的《西部裕固语研究》；钟进文的博士学位论文《西部裕固语研究》[6]；玛蒂·茹斯的《西部裕固（黄裕固）语：语法、文本和词汇》②等。

很有意思的是，大半部西部裕固语研究的历史，实际上是明花一带（主要是莲花和明海）的西部裕固语研究的历史，换句话说，明花是西部裕固语研究田野调查的基地和语言资料最主要的来源地。关于西部裕固语研究的历史与现状，钟进文和陈宗振两位学者作了详细的综述③，在此不再赘述。

（三）婚姻、家庭与社会组织研究

明花裕固人的婚姻较富有特色的是新中国成立前的婚姻形式和传统的婚礼过程，直至目前仍有文章描述其婚礼过程。关于婚姻的记述自马达汉始且早期的学术研究始自 1950 年代末的少数民族社会历史调查，在古典进化论范式的支配下，"帐房戴头婚"被看成原始社会"遗俗"。新时期以来，裕固族学者贺卫光对裕固族婚俗做了大量的民族学研究④，但仍未摆脱古典进化论的支配。随着民族学与人类学的发展，古典进化论开始受到质疑和批评，姚力的《裕固族帐房戴头婚再研究》应时而生。作者在田野调查的基础上，结合历史文献资料，描述了裕固族帐房戴头婚的基本形貌，批驳了以古典进化理论为依据，认为帐房戴头婚是古老母权制残余的学术观点。此外，该文还从裕固族与藏族、蒙古族等民族间的文化涵化及其自身对宗教、生态和社会生活的文化适应这两个较大的方面，阐释了帐房戴头婚得以形成的原因[8]。

1992 年 5 月，江波和钟福国两位学者在原明花区莲花乡进行了为期 10 天的社会学调查，是裕固族研究中较早的量化社会学研究的尝试，共发表研究报告 3 篇，其中《裕固人的婚姻家庭观调查报告》认为当代裕固人是开明、宽容和求实地对待婚姻家庭的，有良好的家庭关系和较为合理的家庭结构[3]。

关于明花裕固人家庭组织的研究，主要贡献是由裕固族学者钟福国（笔名钟声）做出的。他的专著《戈壁人家》描述了原明花区黄土坡村裕固人钟自义一家祖孙三代的变迁。这个家庭有 6 男 3 女 9 个孩子，其中 4 男 1 女先后考入大学，成为裕固族地区子女教育成功的典范[9]。

钟进文的《裕固族驼队贸易文化》是在明花进行的田野调查的基础上，对驼队的兴起、组织结构、生活习俗和驼户人的社会地位进行了详细的描述和解释。[3] 此文发表后，引起了学术界对西北少数民族传统社会组织的重视。郭正贤的《古丝绸之路上的裕固族骆驼运输队》也是作者将搜集的资料整理成文[10]，与钟进文的研究相互补充，留下了关于裕固族骆驼运输队较为翔实、非常珍贵的记录。

（四）社会、历史与宗教信仰研究

作为蒙藏委员会酒泉调查组的成员，马铃梆的《哈萨克入甘续记》记载了 1941 年的"东海子事件"，是研究当时族群关系的珍贵文献 [3]。

金在冶的《甘肃河西祁明区民族情况》主要叙述了"黄番、黑番和马蹄寺东南十四族""以不同的民族在同一的宗教（佛教）同一的生活情况下，过着团结友爱合作如一家的农牧生涯"的社会情况，是了解 1949 年之前该地区族群社会情况和族群关系的重要文献。[3]

王北辰的《河西明海子古城考》，将现仍存于明花的省级文物保护单位明海古城考证为汉代的乐涫县、唐代的福禄县故址，为进一步深入研究明花境内的古城、烽燧提供了一些有用的线索。[11] 笔者的《明海古城：见证逝去的繁荣》则以文学化的笔调对明海古城历史、现状及其与裕固族的关系作了阐述 [12]。

明花的明海一带原是裕固族亚拉格部落的属地。高自厚的《今日"药罗葛"——裕固族社会调查》描述了亚拉格部落制度在新中国建立以后被新政治制度取代的历程，对原属亚拉格部落的群众在新社会条件和发展情况进行了较为深入的分析 [3]。

上文所述 1992 年江波和钟福国的社会学调查还产生了两个成果：《现代裕固族人的人格世界透视》认为意志、道德和智慧是裕固人人格世界中的三种力量，在现代化道路上，这三种力量不会改变，是裕固人从传统人到现代人的转变过程中最需要保留的财富 [3]；《论现代裕固人的社会参与》认为新时期的改革对裕固族地区的经济发展与生活水平提高起到了相当重要的推动作用，也促使裕固人投身改革、参与社会、改变文化观念。[3] 两位学者的这项社会学调查存在的共同问题是问卷设计不够规范；对部分量化分析结果过度解释；结论不够明确；研究报告的撰写没有遵循社会学调查报告的一般写作程式。

明花籍裕固族退休公职人员索国民的自传《难忘的岁月》，记述了他由一个牧童成长为一个国家公职人员和共产党员的艰难历程，反映出一个明花裕固人在风云际会的大时代的人生际遇和心路历程，是研究近半个世纪明花社区沧桑变迁的较好资料。[13] 明花籍裕固族退休公职人员钟天明的回忆录《行迹——我的回忆录》，记述了作者的童年时代、学生时代、教师时代和从政时期的行为和思想。作者曾长期在教育战线生活和工作，故这本回忆录是研究裕固族地区教育发展的重要资料[14]。

裕固族学者、作家铁穆尔的《绍尔塔拉——游牧边缘的调查散记》记述了他于 2006 年 10 月初在明花的绍尔塔拉（前滩片）进行社会历史调查的见闻，是了解居住于绍尔塔拉的裕固人的文化和历史的较好作品[15]。

江波、赵利生的《移民的文化适应与社区整合：关于肃南裕固族黄土坡—双海子村移民社区的访问记述》是一项关于乡村移民社区的民族社会学研究的成果，文章以移民社区的田野调查为基础，对移民项目的缘起、实施过程中的文化适应和社区整合进行了描述和分析，并对社区进一步发展予以展望。[16] 他俩的《从牧民到农民：对甘肃裕固族黄土坡—双海子移民项目村的一项人类学考察》则是关于乡村移民社区的人类学研究的成果，文章以从莲花片黄土坡村到明花农业开发区双海子村移民为个案，对移民的过程及文化适应与整合进行了描述与分析，对移民遇到的困难与问题，以及进一步发展的对策进行了思考 [17]。

在费孝通先生的倡导下，2000 年 7 月国家民族事务委员会组织有关专家学者开展了"中国人口较少民族经济与社会发展调查研究"，裕固族及其主要聚居地——肃南裕固族自治县是这项研究的对象之一。钱民辉和贺卫光的《甘肃省肃南裕固族自治县经济和社会发展调查报告》是这项研究的成果之一，报告对"明花农业综合开发区"和"明花区社会问题"进行了个案研究，并提出了相应的发展建议 [18]。

中华人民共和国成立前，明花的裕固人信仰萨满教和格鲁派藏传佛教（俗称黄教），邻近汉族农庄的道教对该地也有影响。马洛夫的《裕固人的萨满遗迹》可能是较早报道裕固人的萨满信仰的文章。陈宗振和雷选春的调查报告《裕固族的萨满——祀公子》是裕固族萨满教信仰的较为全面和权威的研究。[3] 很多书籍和文章都对裕固族的藏传佛教、自然崇拜、动物崇拜和祖先崇拜有介绍，但是专论明花裕固人的宗教信仰的作品只有《肃南裕固族自治县明花区志》[6]。

（五）口头传统与书面文学研究

钟进文的《祁连上的启迪》是对明花籍裕固族诗人贺继新诗歌创作的评论 [19]，而贺继新的《我愿从磨难中奋起》则是他的创作经历自述 [20]。

钟进文的《一篇裕固族历史传说研究》是这一领域的代表作，具有很高的学术价值。作者根据 19 世纪 50 年代西部裕固语专家陈宗振教授在明花收集整理的裕固族口传文学资料，对藏族史诗《格萨尔》中的《霍岭大战》的主要内容与裕固族的关系问题进行了深入探讨，从而揭示了历史上藏族与裕固族之间的密切关系。此文发表后，引起了国内外"格萨尔研究"专家、学者的关注[21]。

明花的口头文学的搜集整理工作自马洛夫开始，一直持续至今，期间捷尼舍夫、陈宗振和雷选春夫妇、杜亚雄、李德民（才让丹珍）、杨永贤、钟进文、杨进禄及笔者都在这一领域辛勤耕耘着，陆续以各种方式发表和刊印了大量的口头文学资料。其中，李德民创编的长篇叙事诗《尧乎尔来自西州哈卓》和《黄黛琛》曾经被作为裕固族口头文学代表作收入很多种书籍，学者们在谈到裕固族口头文学时大多都有这两篇作品的介绍，但是随着研究的深入，1995 年钟进文指出，李德民搜集的"民间文学作品在整理的过程中加工创编的成分太多，失去了民间文学的真实性、原始性和集体性的特色，这是在今后挖掘整理民族民间文学中必须引起重视的一个问题"[22]。正是由于搜集整理工作不规范等原因，使得学者们依据这些作品所做的研究学术价值锐减。⑤值得一提的是，《裕固族民间文学作品选》[23]《裕固族风情》[24]《裕固族文化形态与古籍文存》[25]《裕固族民间故事集》[26]《裕固族民间歌谣谚语集》[27]等书籍都载有一些明花的口头传统资料；《裕固之歌》[28]、两卷本的《狂奔的彩虹马》[29]《裕固族文学集》[30] 和四卷本的《裕固族文艺作品选》[31]等书籍则载有一些明花籍裕固族诗人贺继新等人的书面文学作品。

对明花的裕固族民间音乐的研究，著名民族音乐学家杜亚雄教授做出了最主要的贡献，至今笔耕不辍，发表了大量很有价值的介绍性文章和学术论文，由他发现的裕固族民间音乐与远在欧洲的匈牙利民间音乐的相似性，从 20 世纪 80 年代至今一直是民族学与人类学、民族史学和民族音乐研究界的热门话题，与此有关的论述也较多。⑥

（六）经济与政治研究

乔永峰的《明花农业综合开发建设情况概述》对明花农业综合开发项目的缘起、实施情况、具体做法、发展思路作了概述[32]。

肃南县政协组建视察组，于 1999 年 3 月 23 日至 27 日，对原明花区莲花乡民族经济发展情况进行了为期 5 天的视察，撰有《关于莲花乡民族经济发展情况的视察报告》。报告在概述莲花乡民族经济和社会发展的基本现状的基础上，对制约莲花乡经济发展的主要问题作了分析，进一步有针对性地提出了若干发展该地经济的建议[33]。

郎永涛的《移民开发是民族地区扶贫攻坚的一种有效模式——对肃南县莲花乡移民开发的调查与思考》对莲花乡移民开发的背景、决策的过程、具体做法、存在的问题及对策建议作了详细描述和综合分析[34]。

由原中共明花区委、明花区公署提供的《理清发展思路，加快富民步伐》在概述原明花区的自然与社会基本情况的基础上，对明花区的经济社会发展存在的问题和原因进行了分析，并指出了明花区日后经济社会发展思路，提出转变工作作风，增强服务职能，提高行政效率，着力培养一批能切实为农牧村经济发展服务、政治坚定、懂经济、会管理的"复合型"干部的必要性[35]。

安吉庆的《明海乡区域经济发展的调查与思考》在概述原明海乡经济社会发展情况的基础上，提出了新时期明海乡经济发展的基本构想[35]。

《裕固族简史》等著作对 1949 年前明花的部落政治制度、民国时期国家政治制度对当地的渗透，以及中华人民共和国成立后开展的民族社会历史调查有较为详细的记述⑦，以后的研究基本上沿袭了这些调查资料。但是，明花的政治制度的变迁的研究有几个问题尚待探讨：对家族的形成过程及其在政治舞台上的作用没有引起学术界重视；亲属制度及其社会功能没有引起学术界的重视；前滩一带的裕固人的部落归属及不同部落民众交错杂居的状况及其历史成因没有引起学术界的重视；现代国家政治制度对明花原有政治制度的替代和如何渗透于当地，如何在当地扎根等，这些问题均值得研究。笔者曾在博士学位论文研究中就这方面资料的挖掘、收集和上述问题的解释作了尝试[1]。

（七）生物与生态环境研究

张忠等人的《甘肃省肃南县明花区拉合尔钝缘蜱的调查》报告了 20 世纪 80 年代初泛滥于明花的拉合尔钝缘蜱的危害、形态特征及生物学特性和灭蜱技术[36]。

钱民辉和贺卫光的《小流域、大问题——甘肃省肃南裕固族自治县生态环境持续恶化所引起的综合问题及思考》在实地调查的基础上对明花区的生态环境恶化情况及其原因与对策作了分析，指出："从现在的情况看，在明花区采取科学的整治措施，如'退耕还草（林）'、种草种树、实行'休牧期'，是解决草原荒漠化的当务之急"；"大多数人都认为，草原生态恶化的最主要和最直接原因就是长期'超载放牧'"[37]。著名学者型作家张承志的《匈奴的谶歌》则在实地调查基础上对河西走廊的农牧之争和生态环境恶化做出了历史人类学的解释，对钱民辉和贺卫光的研究作了批评，指出他们的研究缺乏历史深度和整体性视角，没有认识到文化遗产是不可再生的资源[38]。笔者在田野研究作品中也曾较为含蓄地指出前两项研究的共同缺陷：很可能会造成"受害者受谴责"的现实后果[39][40]。值得一提的是，铁穆尔在散文《失我祁连山》中通过引述一位民间学者的长篇谈话，较为含蓄地对钱民辉和贺卫光的研究提出了批评，提请研究者重视裕固族的历史与苦难[41]。

朱有才的《绿染荒漠——肃南县防治荒漠化工作侧记》记述了明花许三湾农业开发区针对当地生态环境特点积极防治，采用生物围栏封护、封沙育林育草、营造农林网带、乔灌粮草结合等方法，使荒漠化治理工作取得了一定成效的事迹[42]。

肃南县农业办公室提供、李建玉执笔的《肃南县明花区生态环境现状与经济可持续发展情况调查报告》一文在概述原明花区自然环境状况和社会经济状况的基础上，对这一区域的生态环境存在的问题及其成因作了较为全面的分析，并指出了治理这一区域的生态环境的思路对策和日后的政府工作建议[35]。

　　日本立教大学学者迈丽莎的《裕固族"生态移民"的贫困机制——甘肃省肃南裕固族自治县明花区个案》是一篇极为难得的规范学术论文，不仅对今后的裕固族研究有一定的示范作用，而且对"裕固族生态移民"问题研究有直接的促进作用。论文在翔实的田野调查资料的基础上，对生态移民政策的背景、生态移民生业（生计产业）转换的个案以及环境保护的可能性进行了深入的生态人类学分析[43]。

　　邱丽华、陈荣的《肃南县明花区生态环境现状与经济可持续发展及对策》一文，在调查分析原明花区生态环境及经济状况和存在问题的基础上，提出今后可持续发展的对策：实施禁牧休牧和已耕地退牧还草；推广节水技术，全面建设节水型社会；加大科技培训，完善服务体系，努力提高农牧业在生产中的贡献率；抓好扶贫开发，做好扶弱济贫工作[44]。

（八）教育研究

　　《新西北》杂志 1944 年 7 卷 7—8 期合刊刊载的马铃梆的《顾嘉堪布传》赞誉裕固族、藏族宗教人士七世顾嘉堪布罗桑青利嘉木措（1897—1943）是祁连山区教育的创办者，较为详细地记述祁连山北麓地区现代教育（主要是裕固族现代教育）的创办过程。"中华民国"蒙藏委员会调查室编印的该委员会驻甘肃酒泉调查组提交的《祁连山北麓调查报告》第五章介绍的"祁连四小创设过程与其概况"可谓是对裕固族教育的最初调查，也是对明花现代学校教育兴办历程的详细记述[3]。

　　裕固族教育的一项重要研究成果是张如珍的《裕固族教育史》，是理解和把握明花裕固族教育发展历程较好的背景资料。该成果是在肃南裕固族自治县教育志编写小组 1990 年编写的《肃南裕固族自治县教育志（1954—1989）》（上、下）的基础上撰写而成的，共分四章：第一章——裕固族概述，介绍了裕固族的形成及历史演变、分布和发展、宗教信仰、语言文字与风俗习惯；第二章——1949 年前的裕固族教育，叙述了历代王朝及民国时期的文教政策的实施、学校教育、社会文化教育、教育家及其教育思想等内容；第三章——1949 年后 40 多年来的裕固族教育，叙述了裕固族的新生及教育制度的建立、党的民族教育方针政策的施行、普通教育、成人教育、义务教育、学校管理、裕固族教师队伍的培养与建设等内容；第四章——裕固族教育发展的历史经验，指出制约裕固族教育发展的三个主要基本因素是地区的差异性、居住的分散性和经济的落后性[45]。

　　申文耀的《重视教育使裕固族人口素质迅速提高》是关于原肃南裕固族自治县明花区学校教育状况的调查报告，着重分析了当地裕固人重视教育和人口素质迅速提高之间的良性关系[46]。

　　江波和钟福国的《"学生房"：裕固族民族教育中的一种文化现象的研究》是基于 1994 年 10 月在原明花的莲花乡和明海乡进行的田野调查，主要介绍和分析了分散居住的裕固族牧民为了解决子女上学问题，每户每家在学校附近盖起一座座小房子（俗称"学生房"）的文化现象。该文认为，裕固族的"学生房"是在全民兴办和发展教育的大潮中形成和建立起来的，具有自己的特色和优点，深受新一代裕固族人的欢迎和支持，它在民族教育的发展过程中为培养下一代有知识的人起过巨大的作用，之后仍将会继续发挥更大的作用 [3]。

丁虎生的《顾嘉堪布和他的民族教育思想》主要分析了裕固族地区（包括明花）现代学校的创办者之一七世顾嘉堪布由一个宗教职业者转变为民族教育先驱所经历的认识过程及其教育思想的主要内容[3]。

马金铃的《肃南裕固族学校教育产生述略》通过实地调查采访，翻阅研究有关文献资料，分析教育与宗教的关系、民族融合对学校教育的影响及学校教育产生的背景等诸方面来探讨现代学校教育的产生、内容、特点以及对当今教育发展的推动作用。此文是研究明花学校教育兴起的重要文献 [3]。

笔者的硕士学位论文《社区发展与裕固族学校教育的文化选择——人口较少民族乡村学校教育的民族志研究》是遵循功能主义社会人类学的理论范式，以田野调查法为主，辅以文献法，对裕固族的乡村社区——原明花区的学校教育展开的民族志研究，是在田野调查和有关文献分析的基础上，把明花及裕固族地区的发展放在全球化和中国现代化的时代大背景中，以"社区发展与学校教育的文化选择"为主题，分"序论""背景陈述""田野展演"和"理论阐释"四部分进行描述、分析与阐释。笔者认为，以裕固族地区为参照系，明花在 1949—1997 年间经历了从"边缘"到"中心"的人文历程，1997 年之后开始了一个相对贫困化的社区发展历程。目前，明花发展面临生态环境恶化及生物多样性减少、经济社会问题增多及发展阻力增大和传统文化消亡等诸多困境。以明花社区发展面临的实际情况为出发点和立足点，考虑到明花的学校教育属于义务教育阶段，笔者认为，裕固族学校教育应在广阔的社会文化背景中进行文化选择，应该回应裕固族地区发展的现实需要，所以，明花的学校教育应是一种建立在基本的文化教育（以国家课程为主要载体）的基础之上整合生计教育、环境教育和创新教育的综合性的教育[39]。

三、结语：评论与展望

（一）评论

从以上八个方面的分类综述可以看出：①从研究人员组成上看，20世纪30年代以前主要是外国探险家和学者的研究，1930年代至1949年前主要是边政学者的研究；1949年至20世纪80年代中期，主要是民族学者和语言学者的研究；20世纪80年代中期裕固族新时期第一批大学生毕业后登上学术舞台，至目前已成为研究队伍的主体力量；②从研究内容上看，主要集中在语言、民俗特别是婚俗方面，近年来生态环境研究迅速升温，教育研究方面的研究成果虽较少，但是研究质量在迅速提高；③从研究方法上看，田野调查法已成为一个基本的研究方法，这很可能是因为裕固族文字失传导致没有多少文献典籍可供参阅和提供线索，只有深入实地调查才可能获得感性认识、体验和研究资料；④从研究主题上看，注重研究自然生态和社会文化的某一个方面、某一种现象的分割式研究较多，而坚持社会文化的"整体观"的综合性研究较少。

值得一提的是，明花在整个裕固族文化典范化的过程中，一直

是许多研究者的重要调查区域，许多资料出自这个社区，以致在田
野调查中有多位裕固族文化研究者曾数次向笔者抱怨，"大半部裕
固族文化研究，都是明花裕固族文化研究"。21世纪以来，又有一
些研究者进入明花从事研究，取得了较多的研究成果。导致这种情
形的原因，主要有如下四种：① 20世纪，与裕固族聚居的其他地
区相比，进出明花的交通相对便利，明花海拔较低，大多数成人又
会讲汉语，研究者易于适应并获得资料；②由于马达汉、马洛夫等
人的研究，特别是马洛夫的知名研究，使得很多研究者想追随他们
的脚步进入明花从事研究；③来自明花从事党政工作或其他职业的
人相对较多，研究者很容易借助他们的社会关系进入明花进行研究；
④一批明花籍的裕固族文化学者对本族文化的调查整理、书写宣传，
特别是钟进文、贺卫光、钟福祖、钟福国等明花籍的本族学者的"家
乡研究"成果较多，他们在书写"裕固族文化"时自觉不自觉地将"明
花文化"，特别是莲花片和明海片的"文化"作为对象或参考对象。

（二）展望

从裕固族研究界到国际突厥—回鹘学界，明花可谓是学术名村，
尽管她的盛名更多地与西部裕固语联系起来。明花的学术史，不仅
是裕固族研究的核心组成部分，也是人口较少民族文化生存问题研
究史的一个亮点。

明花作为一个"小社区"，从没有脱离与"大社会"的联系，
其经济社会与文化教育在持续发生变化，显示出了与时代脉动紧密
相连的状态和趋势。目前，正值中国掀起社会主义新农村建设的高

潮，明花亦在发生日新月异的变化。根据笔者的民族志研究（常常是田野研究与历史研究相结合），百年来，明花的社会文化发生了巨大的变迁，恰为观察和探究作为人口较少民族的裕固族之乡村社区在中国现代性历程中的遭遇与角色提供了极富价值的个案。

总之，本书通过对"明花研究"进程的叙述、分析和评论，力图为今后的研究奠定较好的知识背景和文献基础。只有认真细致地梳理和反思"明花研究"的历史与得失，我们才能"百尺竿头，更进一步"，做出无愧于这个伟大的时代的学术与知识贡献。我们期盼并坚信今后会有越来越多的、深入细致的、具有较大学术影响力和社会效益的"明花研究"成果问世。

注释：

① 参见：裕固族地区访问记 [J]. 贺卫光，译. 西北民族研究，1995（2）；Sara 尧乎尔人访问记 [M] // 钟进文，译. 钟进文. 裕固族文化研究. 北京：中国民航出版社，2005：105-112；钟进文. 芬兰前总统曼内海姆对裕固族地区的记述 [M] // 刘郁宋. 中国裕固族. 兰州：甘肃人民出版社，1997：13-23；萨里尧熬尔和西拉尧熬尔访问记 [J]. 安惠娟，译. 尧熬尔文化，2006（1）.

② 这本著作是作者在她的博士论文的基础上修撰而成，2000 年在德国威斯巴登公开出版。这一信息是由中央民族大学语言学系钟进文教授提供的。

③ 参见：钟进文. 近百年的国外裕固族研究 [J]. 西北民族学院学报（哲学社会科学版），1997（2）；钟进文. 西部裕固语的历史地位与使用现状 [J]. 西北民族学院学报（哲学社会科学版），2000（2）；钟进文. 中国裕固族研究集成 [M]. 北京：民族出版社，2002：（导言）12-16；陈宗振. 西部裕固语

研究 [M]. 北京：中国民族摄影艺术出版社，2004：18–24.

④ 参见：贺卫光. 裕固族婚俗中"道尔朗"的民族学透视 [J]. 西北民族学院学报（哲学社会科学版），1995（4）；裕固族母权遗俗初探 [J]. 西北民族学院学报（哲学社会科学版），1996（4）；裕固族婚俗中的"尧达"及《尧达曲格尔》[J]. 西北民族研究，1997（1）；裕固族民俗信仰中的"尧达"考述 [M] // 钟进文. 中国裕固族研究集成. 北京：民族出版社，2002：406–409；裕固族婚俗与西部蒙古婚俗的比较研究 [M] // 钟进文. 中国裕固族研究集成. 北京：民族出版社，2002：409–427.

⑤ 较为典型的例子如：武文. 浅论裕固族民间叙事体长诗 [J]. 西北民族学院学报（哲学社会科学版），1985（3）；武文. 裕固族民间叙事诗中的民族自我意识 [J]. 民族文学研究，1993（2）；武文. 尧乎尔文学对裕固族历史的口承与补正 [J]. 民族文学研究，1997（4）；热依拉·达吾提. 裕固族史诗《尧熬尔来自西至哈至》研究 [J]. 新疆大学学报（哲学社会科学版），2000（2）.

⑥ 介绍杜亚雄教授对裕固族民族音乐研究历程和贡献的较好作品包括：夏麦陵. 杜亚雄与裕固族民歌 [J]. 中国民族，2004（6）；夏麦陵. 踏着裕固族西部民歌的旋律 [J]. 传记文学，2004（8）；钟进文. 裕固族研究集成 [M]. 北京：民族出版社，2002：导言 20–21，442–464；杜亚雄，李德辉. 裕固族音乐史 [M] //：袁炳昌，冯广钰. 中国少数民族音乐史（上）. 北京：中央民族大学出版社，1998：270–294.

⑦ 参见：《裕固族简史》编写组. 裕固族简史 [M]. 兰州：甘肃人民出版社，1983；《肃南裕固族自治县概况》编写组. 肃南裕固族自治县概况 [M]. 兰州：甘肃民族出版社，1984；范玉梅. 裕固族 [M]. 北京：民族出版社，1986；甘肃少数民族社会历史调查组编. 裕固族东乡族保安族社会历史调查 [M]. 兰州：甘肃民族出版社，1987.

参考文献：

[1] 巴战龙 . 人类学视野中的学校教育与地方知识——中国西北一个乡村社区的现代性百年历程（1907—2007）[D]. 北京：中央民族大学，2008.

[2] 马达汉 . 马达汉西域考察日记（1906—1908）[M]. 王家骥，译 . 北京：中国民族摄影艺术出版社，2004.

[3] 钟进文 . 中国裕固族研究集成 [C]. 北京：民族出版社，2002：517-528，556-561，588-592，528-531，531-532，534-542，561-564，564-569，171-175；（导言）22，488-491，486-488，483-486.

[4] 江波 . 如何对待少数民族文化与社会发展——甘肃西部裕固族村落的人类学考察 [J]. 西北民族学院学报（哲学社会科学版），1998（2）.

[5] 中共明花区委，明花区政府 . 肃南县明花区基本情况简介 [Z]. 内部油印，2004-07-15.

[6] 钟进文，妥进武 . 肃南裕固族自治县明花区志 [M]. 兰州：甘肃人民出版社，2006：182-184，185-194.

[7] 巴战龙 . 明花区志在北京召开出版座谈会 [N]. 张掖日报，2007-02-03.

[8] 姚力 . 裕固族帐房戴头婚再研究 [J]. 民族研究，2002（3）.

[9] 钟声 . 戈壁人家 [M]. 昆明：云南大学出版社，2001.

[10] 郭正贤 . 古丝绸之路上的裕固族骆驼运输队 [J]. 牧笛，2007（1）.

[11] 王北辰 . 河西明海子古城考——"丝绸道路"沿线地理变迁研究之一 [J]. 西北师大学报（哲学社会科学版），1990（4）.

[12] 巴战龙 . 明海古城：见证逝去的繁荣 [J]. 丝绸之路，2007（8）.

[13] 索国民 . 难忘的岁月 [Z]. 个人编印，2003.

[14] 钟天明 . 行迹——我的回忆录 [Z]. 个人编印，2005.

[15] 铁穆尔 . 绍尔塔拉——游牧边缘的调查散记 [J]. 生命树，2007（2）.

[16] 江波，赵利生 . 移民的文化适应与社区整合：关于肃南裕固族黄土坡—双

海子村移民社区的访问记述 [J]. 西北第二民族学院学报（哲学社会科学版），2007（6）.

[17] 江波，赵利生. 从牧民到农民：对甘肃裕固族黄土坡一双海子移民项目村的一项人类学考察 [J]. 西北民族研究，2007（4）.

[18] 钱民辉，贺卫光. 甘肃省肃南裕固族自治县经济和社会发展调查报告 [M] // 《中国人口较少民族发展研究丛书》编委会. 中国人口较少民族经济发展和社会发展调查报告. 北京：民族出版社，2007：273-311.

[19] 钟进文. 祁连山的启迪 [J]. 民族文学，1991（6）.

[20] 贺继新. 我愿从磨难中奋起 [J]. 甘肃民族，1992（1）.

[21] 钟进文. 一篇裕固族历史传说研究 [J]. 中央民族大学学报（哲学社会科学版），2000（2）.

[22] 钟进文. 裕固族文化研究 [M]. 北京：中国民航出版社，1995：76.

[23] 安建均，安清萍，安旭华，等. 裕固族民间文学作品选 [G]. 北京：民族出版社，1984.

[24] 田自成，多红斌. 裕固族风情 [M]. 兰州：甘肃文化出版社，1994.

[25] 贺卫光. 裕固族文化形态与古籍文存 [M]. 兰州：甘肃人民出版社，2002.

[26] 田自成. 裕固族民间故事集 [G]. 香港：天马图书有限公司，2002.

[27] 田自成，杨进禄. 裕固族民间歌谣谚语集 [G]. 香港：天马图书有限公司，2003.

[28] 肃南县纪念册编辑室. 裕固之歌 [Z]. 内部油印，1984.

[29] 妥建国，杨占勤. 狂奔的彩虹马 [G]. 北京：中国工人出版社，1993.

[30] 李膺. 裕固族文学集 [G]. 兰州：甘肃人民出版社，1999.

[31] 肃南裕固族自治县《裕固族文艺作品选》编委会. 裕固族文艺作品选 [G]. 兰州：甘肃文化出版社，2007.

[32] 乔永峰. 明花农业综合开发建设情况概述 [M] // 肃南文史资料（第二辑）. 中国人民政治协商会议甘肃省肃南裕固族自治县委员会，2000：89-97.

[33] 安玉林 . 肃南政协工作五十年 [M]// 肃南文史资料（第三辑）. 中国人民政治协商会议肃南裕固族自治县委员会，2002：622-630.

[34] 郎永涛 . 移民开发是民族地区扶贫攻坚的一种有效模式——对肃南县莲花乡移民开发的调查与思考 [J]. 甘肃民族研究，2001（4）.

[35] 马雄 . 认真实践"三个代表"重要思想，建设美好社会主义新型牧区：肃南县经济社会发展调研报告选编 [G]. 中共肃南县委政策研究室，2004：75-81，151-154，82-90.

[36] 张忠，等 . 甘肃省肃南县明花区拉合尔钝缘蜱的调查 [J]. 中国兽医科技，1981（11）.

[37] 钱民辉，贺卫光 . 小流域、大问题——甘肃省肃南裕固族自治县生态环境持续恶化所引起的综合问题及思考 [J]. 西北民族研究，2001（3）.

[38] 张承志 . 匈奴的谶歌 [J]. 收获，2002（2）.

[39] 巴战龙 . 社区发展与裕固族学校教育的文化选择——人口较少民族乡村学校教育的民族志研究 [D]. 北京：中央民族大学，2005.

[40] 巴战龙 . 文化多样性·裕固族·文化研究 [J]. 读书，2004（4）.

[41] 铁穆尔 . 失我祁连山 [J]. 延安文学，2004（5）.

[42] 朱有才 . 绿染荒漠——肃南县防治荒漠化工作侧记 [J]. 甘肃农业，2002（1）.

[43] 迈丽莎 . 裕固族"生态移民"的贫困机制——甘肃省肃南裕固族自治县明花区个案 [M] // 新吉乐图 . 中国环境政策报告（生态移民）. 内蒙古大学出版社，2005：89-104.

[44] 邱丽华，陈荣 . 肃南县明花区生态环境现状与经济可持续发展及对策 [J]. 甘肃农业，2005（10）.

[45] 韩达 . 中国少数民族教育史（第一卷）[M]. 广州等：广东教育出版社，云南教育出版社，广西教育出版社，1998：1403-1454.

[46] 申文耀 . 重视教育使裕固族人口素质迅速提高 [J]. 中国少数民族人口，1988（2）.

地方知识的本质与构造 *

——基于乡村社区民族志研究的阐释

一、引言

1973 年，在美国人类学界声誉日隆的格尔茨（1926—2006，又译为格尔兹、吉尔兹，台湾学术界译为葛慈、纪尔兹）将此前发表的主要论文汇集成册出版，取名《文化的阐释》[1]。这本书迅速传播开来，成为美国人类学的一个新学派——阐释人类学的宣言和标志，他也被公认为这个新学派的创立者。10 年之后的 1983 年，已经声名大噪，被认为拯救了美国人类学的英雄人物的格尔茨再次将另一些论文汇集起来，取名《地方知识：阐释人类学论文集》[2]出版，再次引起轰动。"地方知识"①，实际上这个术语最早出自 1981 年他在耶鲁大学法学院斯托尔斯讲座（Storrs Lectures）上发表的论文题目——"地方知识：比较观点下的事实与法律"，一向主张多元阐释的他，没有为这个术语赋以清晰明确的含义，导致的结果就是学术界聚讼纷纭，莫衷一是。②

与"地方知识"相关的术语无疑就是"知识"。知识是知识论这门古老的学问的探索和言说的对象，关于"知识是什么"的回答和辩论也充斥在知识论的发展历程中，但很少能够达成一致的看法。

---

　* 原载《西北民族研究》，2009 年第 1 期，第 160-165 页，收入本书时有改动。

有论者在梳理了知识的传统定义之后提出："知识就是证实了的真的信念（knowledge is justified true belief）。"[3] 在中国，众人皆知的知识的定义是马克思主义的历史论解释：知识是人们在认识世界，改造世界的实践中所获得的认识和经验的总结，是人类文明的结晶。这种解释预示着知识是一种"总体性"的存在，对人类学研究的帮助不大，因为人类学研究时时面临着知识的多样性及其传统。有论者用实践的和理解的观点来看待知识，认为知识是人在实践中对世界的某一事物的相对稳定的理解和领悟[4]，这种看法较为合理，因为它具有很强的包容性，肯定了知识在形式和类型上的多样性。进而我们才可以说，"一般而论，知识的形式有两种：①可编撰的知识，即在书本和各种媒体中都可以看到的知识；②不可编撰的知识，即可意会的或缄默的知识，是在思考中得到的，一旦获得便具有了理解、管理和运用知识的能力"[5]。

毫无疑问，地方知识已经成为一个十分重要的当代人类学概念。尽管格尔茨的学术体系庞杂，学术贡献卓著，但是归根结底，他的学术思想继承了美国人类学的一个理论传统——文化相对论，以"深度描写"（thick description）和"地方知识"（local knowledge）为武器，将人类文化看成一个有意义的象征体系，强调文化阐释的"脉络化"（contextualization）和"地方化"（localization），强调人类学理解，即跨文化理解的本质是一种从"文化持有者的内部眼界"出发求索"经验相近"（experience-near）的图谋。一如上述，格尔茨并没有对"地方知识"这一概念给出一个精确的定义，在本书中，笔者倾向于将其理解为组织和表述地方文化的一种知识体系，与研究"普世知识"求"同"的本质不同，研究"地方知识"的本质是求"异"。

本书尝试对乡村社区地方知识的本质和构造提出笔者的观点和看法。

二、地方知识的本质：一种文化信念

地方知识，这一术语挖掘了人类学"文化的解释"的优势，即"脉络化"（contextualization），指出任何文化和知识都是不可能脱离"脉络"（contexts）而存在的，从而揭露了"普世知识"（universal knowledge）那种"祛脉络化"（decontextualization）而无所不在的假设是不存在的。"地方知识"是在承认其文化的意义之网的基础上存在的，而且揭露了"普世知识"之"客观中立"和"价值无涉"的假象。另外，即使地方化程度不同，一切知识实际上都可以当作地方知识来看待。

地方知识并不反对"科学知识"，而是反对"唯科学主义"和"泛科学主义"。任何真正的科学知识，都是谦逊地承认自身的局限性的，而不是"放之四海皆准，俟之百世不惑"的。

地方知识只是反对明显建立在政治压迫、经济剥削和文化殖民基础上的"知识的等级"，它本身无力消除"知识的等级"，因为知识与社会结构的联系是广泛的，无法消除的，甚至地方知识本身也是由"有等级的知识"组成的。

"本土知识"（indigenous knowledge）这一概念本身是与其负荷者的权力诉求直接捆绑在一起的，地方知识并不特别强调"本土性"，因为实际上知识总是混合的，有历时性传承因袭下来的，也有共时性传播采借而来的，并不总是"土生土长的"。

被声称的"普世知识"被证明也有"地方性"，而被认定的"地方知识"也被证明有"普世性"，因此，情况十分复杂。把"普世知识"看作是世俗的、专业化的、统一化的、理性化的、科学化的、西方化的，而把"地方知识"推到"普世知识"的反面而不具上述特征，是一种过时的做法。地方知识在揭露普世知识的文化霸权地位方面自然功不可没，但是地方知识的对立面并不是普世知识，不然就陷入了"二元对立"的哲学假设，实际上，所谓普世知识只是现代性的一种文化信念，一种文化主张，一种叙事模式，而非真有普世知识的存在。一种地方知识的对立面是其他无数种地方知识，它们之间不再是一一对应的关系，而是"一与多"之多元关系，不再受"二元对立"哲学假设的支配，转而提倡多元的"和而不同"之关系。

就其存在形态而言，地方知识主要有文本性存在、制度性存在和生命性存在三种形态，但归根结底，是一种过程性存在。从历时性角度看，地方知识并不是"纯净的"，不涉利益之争的，也不是具有异乎寻常的性质或若干客观的、可观察的特征使其区别于普世知识，或是有其中一种地方知识区别其他地方知识，地方知识的"性质"和"特征"从来都是人们社会性地建构起来的，主观地认定的，是经常被争议的、经常被改变的，它与人们的"身份"与"认同"，或者说是态度、立场和诉求，或者说是利益（特别是资源占有）直接相关的。可以说，"地方知识"的背后，也隐藏着多元的文化权力格局和资源分配体系。

无论是其概念本身，还是其指称对象，地方知识都是现代性的产物，就形态而言，是"传统"与"现代"的混合物。通常人们认为地方知识是非现代性的，这可以有两个维度的理解：第一，历时性地看，认为地方知识是属于"传统"范畴内的，对或在"现代"没有作用；第二，共时性地看，认为地方知识只存在并起作用于少数族群中或乡村社区内，而不是在现代都市社会里。这两种理解本身就隐含着言说者的某种"心态"，或是后殖民主义的，或是精英主义的。

总之，就其本质而言，地方知识是一种文化信念，一种文化主张，一种叙事模式，在这种信念的支配下，根本没有普世知识的容身之地。"普世知识"是一种虚构，是一种理想性的信念，是"地方知识"经过标准化，特别是经过学校教育中教科书的编撰和"教与学"而带上了"普世"面具的文化体系。

三、地方知识的现实构造：以明花为例

不同的时空，不同的人对明花有着不同的认知。在裕固族地区，明花因为它的经济贫困和沙尘天气而出名，更因为它作为曾经的"歌舞之乡""文化之乡"和"教育之乡"而备受称道。明花人勤劳、乐观，尽管自然条件相对恶劣，生活条件相对严酷，但是他们热爱自己的家园，时时不忘用自己的劳动和歌声来建设和歌颂它。

在中国西北少数民族地区的乡村社区中，明花社区的发展历程有一定的代表性。回首百年（1907—2007 年），这个乡村社区发生了多面向的系统变迁：从族群文化的角度而言，从一个以尧乎尔（裕固族自称）为绝对主体的单一族群文化社区转变为一个以尧乎尔为

主体的，由汉族、藏族、土族、蒙古族、哈萨克族组成的多元族群文化社区；从语言文字的角度而言，从一个以尧乎尔语（西部裕固语）和藏文为主，以汉语方言和汉文为辅的社区转变为一个以汉语方言和汉文为主，以尧乎尔语为辅的社区；从婚姻与继嗣制度的角度而言，从一个双系并行（明媒正娶婚行父系继嗣制度，帐房戴头婚行母系继嗣制度）的社区转变为行一夫一妻制和父系继嗣制度的社区；从生计方式的角度看，从一个以畜牧业生产为主，以手工编织和驼队运输为辅的社区转变为一个以农业为主，以牧业为辅的、多种生计方式并存的社区；从社会组织的形态而言，从一个传统部落社会转变为一个现代乡村社会；从政治制度和社会控制的角度而言，从帝制王朝的部落联盟制下头目世袭制为主，户族精英为辅的习俗——权威型控制方式转变为一个民族国家中民族区域自治制度下以党政科层制的资源——利益型控制方式；从宗教信仰的角度而言，从一个格鲁派藏传佛教和萨满教并存，祖先崇拜之风甚烈的社区转变为寺庙衰落、信仰淡化、唯祖先崇拜仍广为流行的社区；从教育的角度而言，从一个以地方知识教育为主的社区转变为一个以官方知识教育为主的社区，现代学校教育取代了传统寺庙教育成为社区的主要教育组织形式，学校取代寺庙成为"知识——文化"传播的中心，在青少年儿童的文化成长过程中，家庭教养扮演着中心角色，至少在乡民的观念上被学校教育替代。

依笔者的观察和理解，就明花这个乡村社区的情况而言，地方知识是由三个部分组成的：

①类官方知识（official-like knowledge），主要由国家利益的代

理机构和代理人在乡村社会持有、传播、解释和实践的知识。与官方知识不同，在于这类知识是代理者根据自己对官方知识的理解加以阐释或再阐释的，根本特点在于具有鲜明的政治性。

②大众知识（popular knowledge），主要由活跃在乡村社会舞台上的大众等持有、传播、解释和实践的，有明显的追求主流文化价值的倾向，但是有时又掺杂了社区传统的解释和道德判断，大众传播媒体是这种知识的重要来源。

③传统知识（traditional knowledge），主要由社区的年长一代持有、传播、解释和实践的，涉及社区的历史与族群、生计方式、风俗习惯等的传统解释和实践过程。

人们容易将"地方知识"和"传统知识"混为一谈，实际上，传统知识只是地方知识的有机组成部分之一。地方知识是"传统"和"现代"的混合物，所以，我们也可以将地方知识视作是由传统知识和非传统知识组成的，只是，这里需要强调两点：①地方知识是现代性的产物，要知道，没有了"现代"，就无所谓"传统"，即使是传统知识，在不久之前，它很可能也是非常"现代的"；②"传统"与"现代"是理性的类型，并不是截然可分的，实际上，它们可能是交融在一起的，在地方知识中，"大众知识"是最主要的形态和组成部分，而大众知识的鲜明特点就是"传统"与"现代"的杂糅和交融。

从明花的乡民的观点出发，地方知识可以分为"普通知识"和"高深知识"。"普通知识"是指那些易于习得，而且相对平均地分布在民众中的知识，特点是一般都具有很强的规则性和程序性。"高深知识"则是在应对和处理重大的乡村事件中，由一些乡村精英，通常是社区内具有一定的权威的、年长的人所表现出来的"智慧"。这些"智慧"常常是在那些乡民认可的"文化逻辑"中的"超常发挥"，表现出很高的言语技巧和处世能力，具有"老谋深算""深思远虑"和不易模仿的特点。

作为文化体系的地方知识，实际上也是随着社区变迁而变迁的，尽管直到现在为止的社区变迁，根本上都是国家主导的，但是乡民在这一过程中也不是完全被动的，实际上可能恰恰相反，乡民反而务实地利用各种契机和策略，审时度势，慎终追远地发展了属于他们自己的文化，创造了属于自己的知识，例如在明花，乡民，特别是裕固人，利用学校教育兴起和发展的机会，在极为艰苦的条件下积极支持子女接受学校教育，子女的教育成功，不仅改善了家庭生活条件，而且使明花声名远播，进而加强了社区认同感和族群认同感。

生计知识是地方知识的重要组成部分，生计方式的转型常常造成地方知识的转型。在明花，如今的农业生计知识是当地人民在发展农业生计的过程中不断借鉴、选择、吸收、创新、积累起来的。畜牧业生计知识已经退居辅助地位，而且地位从整体上已经开始不断下降。在农业生计中，近年来这些知识的地位开始上升：如何开垦土地，如何平整土地，如何订立租赁合同，以及如何同土地租赁者交往的知识成为一种新型的知识，人们正在不断的实践中探索和积累。

知识的分布和持有的性别差异是存在的。例如，关于机械的知识几乎由男性垄断，关于缝纫的知识几乎由女性垄断。正像我在 2004 年的田野调查中已经观察到的 [6][7]，不少群众对国际政治经济变动、国家大事都非常关注，不过，这些知识只是在男人中传播。

在实践中如何应用知识也是有性别差异的。例如，男人们也经常一二结对，三五成群在一起讨论怎样营谋生计或经营自家的产业，女人们有时也参与其中，但在家庭的"大政方针"的讨论和制定上，至少在表面上参与较少。然而，她们的本事是在没有旁人的情况下，通过坚持己见、说服丈夫、和丈夫吵架等方式来参与家庭的"大政方针"的制定和执行。男人们都很好面子，有些男人们不宜露面、不好处理的矛盾纠纷，要由自家的女人们出面解决，例如邻里纠纷，女人可以撒泼耍赖，大骂出口，但是男人们被认为只能以比较"文明"的方式（实际上，男人间通过破口大骂和动手打架解决矛盾纠纷的事例也是有的），例如讲道理，找乡村干部调节等方式解决矛盾纠纷，"不能像个女人一样"是对男人们在矛盾纠纷面前的社会要求。

四、结语

如今的地方知识，不再仅仅是具有"后现代"意味的一个学术术语，而是已经成为一个多学科关注的对象。人类学对地方知识的研究，能使我们系统地了解地方知识。地方知识与现代性知识的一个区别就是这两种知识的分类体系是不同的，地方知识的分类体系有可能深深隐藏于地方文化的根基之中，这导致地方知识的地位有点模糊，因为它们似乎有时属于自然科学，有时属于社会科学，更有可能属于人文学科 [8][9][10]。

地方知识促使我们聚焦于"当地的"象征符号系统去寻找意义而非寻找法则。美国人类学者拉弗勒斯（H. Raffles）指出，地方知识的"当地性"，从根本上说是就它们与其他知识的关系而言的，而且，要把地方知识做正常的运用，还有很长的一段路要走。[10] 尽管格尔茨的名言——"我们力图掌握'土著的观点'，并'搞清楚他们到底想干什么'"[2]——一再被引用，地方知识也已经出现在许多发展项目的资源清单上，尊重和利用地方知识的呼声不绝于耳，但是值得警惕的是，地方知识这一概念与通常的地方性概念相去甚远，因此过于焦急或匆忙地将它运用于包括村庄政治学的乡村研究中和包括少数族群习惯法研究在内的法律研究中其结果是令人遗憾的 [11]。

注释：

① "local knowledge"，在中国大陆社会科学界一般译为"地方性知识"，也有人译为"地方知识"，台湾社会科学界译为"地方知识"，也有人译为"在地知识"或"当地知识"，本书取"地方知识"的译法。因为笔者认为"地方性知识"的译法在汉语学术界引起了对格尔茨的原意的误解，认为知识的属性是"地方性"的，只有"地方性知识"才是真正的知识，实际上，格尔茨的原意是强调作为比较意义上的"文化体系"的"地方知识"及其

传统是"多元的"，对生活世界的主位理解和解释具有充分的合法性，人类学研究就是对作为"文本"或"象征符号系统"的文化的多元阐释。

② 国内学术界对格尔茨认识论较为集中的辩论，请参阅：张静."雷格瑞事件"引出的知识论问题 [J]. 清华社会学评论（特辑），2000（2）：106–130；李雪.格尔兹真的错了吗？——格尔兹认识论原则再探 [J]. 开放时代，2006（2）：139–146；张静.解读吉尔茨——回应李雪的批评 [J]. 开放时代，2006（5）：148–150；卢晖临，李雪.如何走出个案——从个案研究到扩展个案研究 [J]. 中国社会科学，2007（1）：118–130；陈闽创.哪个是"真实"的格尔兹 [C] // 王铭铭.中国人类学评论（第 4 辑）.北京：世界图书出版公司，2007：190–194.

参考文献：

[1] Geertz，Clifford.The Interpretation of Cultures[M].New York：Basic Books，1973.

[2] Geertz，Clifford.Local Knowledge：Further Essays on Interpretive anthropology[M].New York：Basic Books，1983：58.

[3] 胡军.知识论 [M]. 北京：北京大学出版社，2006：66.

[4] 刘少杰.理解与追寻：实践理解论引论 [M]. 长春：吉林大学出版社，1994：129–138.

[5] 钱民辉.教育社会学：现代性的思考与建构 [M]. 北京：北京大学出版社，2004："前言" 3.

[6] 巴战龙.关于"全球化"的田野报道 [J]. 甘泉，2005（1–2）：115–117.

[7] 巴战龙.社区发展与裕固族学校教育的文化选择——人口较少民族乡村学校教育的民族志研究 [D]. 北京：中央民族大学，2005.

[8] 舍普，等.非正规科学：从大众化知识到人种科学 [M]. 万佚，等，译.北京：

生活·读书·新知三联书店，2000.

[9] 拉马尔, 里博. 多元文化视野中的土壤与社会[M]. 张璐, 译. 北京: 商务印书馆, 2005.

[10] 拉弗勒斯. 亲密知识 [J]. 国际社会科学杂志, 2003（3）: 47-59.

[11] 王铭铭. 西方人类学的学派与传统 [C] // 招子明, 陈刚. 人类学. 北京: 中国人民大学出版社, 2008: 325-326.

人类学家乡研究的反思与辩护 *

——基于两项教育民族志研究

一、引言

"家乡研究"是中国人类学的特色领域。迄今蜚声国际学界的
几本人类学著作中，"家乡研究"类作品占据着重要的位置。林耀
华的《金翼》是其中最有代表性的作品，这本"家乡研究"的小说
体民族志，[1] 几乎完全使人忘记了这位哈佛大学毕业的高才生的博
士学位论文《贵州苗民》（1940 年答辩后旋即发表于《哈佛亚洲研
究学刊》[Harvard Journal of Asiatic Studies] 第 3 卷第 5 期）[2]53。费孝
通早年的代表作，同样蜚声国际学界的人类学著作《江村经济》也
是"家乡研究"的作品。他的导师，文化功能论的开创者马凌诺斯
基在"序"中说："如果说人贵有自知之明的话，那么，一个民族
研究自己民族的人类学当然是最艰巨的，同样，这也是一个实地调
查工作者的最珍贵的成就。"[3]13 实际上，近年来其重要性才被重新
认识的杨懋春的《一个中国村庄：山东台头》也是"家乡研究"的
经典之作。他的导师，人类学史中的集大成者林顿（1893—1953）
在该书"序言"中说："可以肯定地预言，对社会科学最有价值的

* 原载《北方民族大学学报》（哲社版），2009 年第 2 期，第 80–85 页，收入本
书时有改动。

贡献，将来自那些由于双重文化参与，从而能无偏颇地获得事实和理论体系的科学家。"林顿的评论常常被中国人类学界认为预言了一个社区研究之本土人类学时代的到来。[4]1-5 三位前辈的学术作品和成就，足以使人相信，在自认研究异文化或他者的人类学的"认识论"和"方法论"中，异域与本土、自我与他者的界限是微妙的，在"家乡研究"领域也能磨炼出人类学的技艺，而且是大技艺。

自 2003 年底开始拟定第一个规范的教育民族志研究计划开始，在 5 年里笔者完成了两项以探究"学校与社区关系"为主旨的教育民族志研究[5][6]。这两项研究都是在笔者的家乡———一个叫作"明花"的乡村社区完成的。人都是有情感和认同的生物。虽然当代社会有"后现代"们的喧嚣和鼓噪，但是中国是讲究"根"（至少在日常话语实践中，有"落叶归根"的家乡情感和"同祖同根"的认同意识等）的国家，"志不忘其旧"仍体现在大多数人们的生命历程中。笔者出生在明花的一个普通的裕固族家庭，在明花度过了自己的童年时代，接受过这个社区传统文化的濡化和现代初等学校教育，对自己的家乡怀有深厚的感情，也始终认同自己是一个"明花人"。

选择明花作为这两项研究的田野调查地点，更多是出于研究趣味和学术志业的考虑。作为学习人类学的晚辈，笔者受到了林耀华、费孝通和杨懋春等前辈学术著述和田野实践的启发与鼓舞。林耀华在他的文集《从书斋到田野》的代序《趣味》一文中自问："怎样可以有真挚的为学态度？"继而自答："关键即在'趣味'二字之上。"[7]自 1996 年在明花完成第一次"准田野调查"至今，笔者的田野调查主要是在明花完成的，每次田野调查都有新感觉、新发现和新疑问，总想通过更深入的田野调查去释疑解惑。古人亦云：一屋不扫，安能扫天下？笔者坚持认为，自己的观察、思考和言说，应该从离自己最近的经验和事实开始。

但是，在数次研究生学位论文开题会、答辩会在内的公开和私下的场合，笔者不得不一再就自己的家乡情感抑或族群意识对自己的田野调查材料的收集、解释和书写的影响做出说明、评估和反思。笔者不是遇到此类问题的第一人，也不是最后一人。在反思成为人类学研究之必要一环的学术潮流中，时运不济的人还包括那些本身是女性，却又对女性问题感兴趣，本身是宗教徒，却又对宗教问题感兴趣的人类学者。笔者的问题是，自身是出生并成长在明花的裕固人，却又有志于研究明花教育和裕固族文化。在本书中，笔者试图以自己的教育民族志研究作为经验基础，对人类学家乡研究做出反思和辩护。

二、人类学家乡研究的缘起与一般性论述

无论如何，我们应该承认，人类学起初是一门发端于"西方"的学问，而且是以研究"非西方"为主旨的学问，在 20 世纪 30 年代以前，几乎没有人对此提出疑问。后来，随着世界政治经济格局的变化，也正是在"西方"对"非西方"一再的启蒙和渗透下，出现了出身于"非西方"的人类学者对"非西方"的"本土"进行研究的事件，比如说 1936 年费孝通负笈英伦，1938 年以论文《中国农民的生活》获得博士学位，这篇论文就是日后中国人类学的经典之作《江村经济》，研究的竟是他的家乡的一个名叫开弦弓村的农

民生活。这一下，在人类学内部就引起了无穷无尽的争论：一部分人对"本土研究"大加赞赏、羡慕和肯定，而另一部分人对"本土研究"进行了无情的挖苦、讽刺和否定。不过，马凌诺斯基显然属于前者的行列，自命非凡的他，作为费孝通的导师以一种洋洋得意的口吻说：

> 我敢于预言费孝通博士的《江村经济》一书将被认为是人类学家实地调查和理论工作发展中的一个里程碑。此书有一些杰出的优点，每一点都标志着一个新的发展。本书让我们注意的并不是一个小小的微不足道的部落，而是世界上一个最伟大的国家。作者并不是一个外来人，在异国的土地上猎奇而写作的；本书的内容包含着一个公民对自己的人民进行观察的结果。这是一个土生土长的人在本乡人民中间进行工作的成果。如果说人贵有自知之明的话，那么，一个民族研究自己民族的人类学当然是最艰巨的，同样，这也是一个实地调查工作者的最珍贵的成就[8]68-69。

"无心插柳柳成荫"的费孝通没有辜负"马老师"的栽培，他对人类学做出的非凡贡献是有目共睹的，他也始终没有忘记自己的著作在人类学界引起的争议，所以，在他亲自倡导并现身说法为中国人类学的"补课"的过程中，针对中国本土人类学者的身份转换问题不无真诚地说道：

> 中国本土人类学者面临的是如何"出得来"的问题，也就是说，

作为研究本土社会的人类学者，重要的是要从我们所处的社会地位和司空见惯的观念中超脱出来，以便对本土社会加以客观的理解。本土人类学的要务在于使自身与社会形成一定的距离，而形成这种距离的可行途径是对一般人类学理论方法和海外研究中国的人类学的深入了解。通过这种了解，我们可以在一定程度上把自己的社会和文化"陌生化"[9]。

由于中国幅员广阔、人口众多，文化上呈现"差序格局"，所以，人类学家乡研究实际上只是"本土人类学研究"的一种类型。中国人类学家胡鸿保说：

毋庸讳言，民族学家、人类学家研究本民族共同体，"只缘身在此山中"而每每富于强烈的本民族文化中心意识。于是，在方法论上将面对文化相对论的质疑。但是在另一方面，受过人类学训练的富于专业眼光的本民族学者却又可能凭借濡化而得的"先赋"优势揭示更多异民族调查者难以发现和领悟的文化现象及其内涵。从这个意义上讲，严格的人类学训练有可能让本民族学者达到超越自我的境界，"进得去""出得来"。而本民族真正的人类学家对于社会学本土化以及人类学的学科建设，无疑是难能可贵的人才——既不可多得又无法代替[10]178-179。

日本人类学家末成道男也曾经说到"家乡人类学家"所具有的几点优势和劣势，可以供我们参考。他所归纳的三点优势是：①更了解和更易于接近被研究者；②具有同一观点；③具有共同的社会政治价值。三点劣势则是：①对无意识因素反应迟钝；②受母文化的约束；③难以保持中立 [10]179。

从以上论述中我们可以总结出几个基本认识：①人类学家乡研究既有优点，也有缺点，原因主要在于人类学者在家乡研究中既有优势，也有劣势；②对社会科学研究的"客观中立，价值无涉"教条的笃信，是人类学家乡研究受到质疑的"祸根"；③对人类学家乡研究的评述和反思过于抽象化、一般化，与人类学研究的"脉络化"的要旨相悖；④如何在研究中尽量克服"家乡中心主义"和"本族群中心主义"造成的"无意识谬误"，以及如何做到"进得去""出得来"是家乡人类学者面临的实际问题。

三、两项教育民族志研究的主要局限

一般说来，任何一项教育人类学研究，无论研究者设计和实施得多么完美和谨慎，它都会有局限性，笔者的两项研究也不例外。人类学家费孝通先生的谆谆教诲——从实求知——像一颗种子深埋心底，在多次田野调查和书斋写作中，笔者体会到这颗"种子"开始生根发芽，茁壮成长。从实求知，"实"不仅在书本、田野中，更多的，"实"还在研究者的身上、心里。在研究设计阶段、在田野调查阶段、在文本撰述阶段，"三省吾身"，这两项研究较大的局限在于研究者不能熟练使用当地裕固人的语言——西部裕固语。

1976 年 4 月 22 日，笔者出生在现明花乡刺窝泉村的一个普通牧民家庭。刺窝泉村的裕固人大多已转用汉语方言——酒泉话，不会讲本民族语言，所以，笔者的第一语言是汉语。幸好，笔者的父亲 1966—1968 年在当时位于明花区政府所在地——莲花寺的明花区学校就读时，跟他的同学学习了西部裕固语，所以，笔者跟父亲学会了近百个西部裕固语词汇，会说几个完整的句子。

　　1994 年，笔者结束了当时在甘肃省教学质量最高、升学率最高的重点中学——兰州一中的学习，考入北京师范大学教育系。按照安排，笔者先在中央民族大学预科部学习一年。期间，结识了在中央民族大学工作的裕固族文化研究专家钟进文。他是有史以来裕固族第一位博士学位获得者，和笔者同为"明花人"。1995 年 9 月，笔者正式进入北京师范大学学习，并开始师从钟进文先生学习裕固族文化及其研究的基本知识。1996 年 3 月至 1997 年 1 月间，中央民族大学少数民族语言文学学院语言学系为基地班开设了西部裕固语课程。该课程聘请了中国社会科学院西部裕固语专家陈宗振研究员授课，教学资料以《西部裕固语简志》和印发的他在裕固族地区搜集的、用西部裕固语音标（以国际音标为基础的宽式音标）记录的短句、民间传说、民间故事、婚礼和葬礼颂词、牧歌、谚语、谜语等为主（大部分材料附有汉译文）、《西部裕固汉词典》为辅。[11] 笔者在钟进文的鼎力推荐下，免费参加了这次学习活动。尽管笔者在钟进文和陈宗振两位老师的启蒙教育下，已经充分地认识到熟练使用西部裕固语、东部裕固语是在裕固族地区开展学术研究的重要前提条件，但是由于笔者的基础较差，只学会了一些"哑巴西部裕固语"，没有达到能熟练使用的程度。之后，一些热心的本族同胞和田野报道人鼓励笔者学习一种或两种裕固语，也不断有专家学者提醒笔者熟练使用裕固语对学习进步和学术发展的重要性。

按照经典的教育人类学田野调查的要求，研究者必须要熟练使用当地语言，但笔者只达到了能熟练使用明花社区汉语方言的要求，没有达到能熟练使用该社区西部裕固语的要求。因此，2004 年、2007 年两次在该社区进行的较长时段的田野调查，笔者都请了西部裕固语翻译，其中，2004 年的翻译是时任肃南裕固族自治县裕固族文化研究室工作人员、裕固族诗人乞根拉吾尔，2007 年的翻译是裕固族文化研究室工作人员卓玛。

2007 年 6 月 12 日，笔者访问了明花乡小海子村的一户白姓裕固人家，受到了盛情款待，吃了鲜嫩可口的羊肉，喝了酣畅淋漓的白酒，听了发自肺腑的话语。临走时，男主人郑重地对我说：

小巴，你今天能来我们家，我们很高兴，粗茶淡饭地，也没个啥吃头，尽说话了。你研究我们的语言、风俗习惯、关心我们的娃娃们的教育上的事情，我们觉得心里头很舒坦，很骄傲，我们这么小的民族，能出这么优秀的人才！你都上到博士了，还不忘本，还来关心家乡的父老乡亲，关心家乡的事情，不容易啊！

我们是个老牧民，也不知道说得对不对，说错了你不要见怪。我给你提两个要求。一个是，你以后一定要把我们的民族语言好好学一学。我们的语言是个宝贝，里头的东西多着呢。要研究我们这个民族的事情，最好能精通我们的裕固话。你生在前滩，不精通我们的话（语言），从小没有学下，这也怪不得你。说得不好可以学，学下了将来用处大着呢。我们都搁上裕固话说，就没有东西把我们隔开了，我们就心连心了。我们的裕固话，就是我们的老根子，这个老根子丢掉了，我们这个民族就消失掉了。再一个，就是我们今天照的照片，你洗好了给我们给上几张。我们一辈子没有出过远门，外头的事情知道得少，没有见过世面。我们也想了解些民族的事情，你今天来说了，100年前就有外国人研究我们的民族呢，研究我们明花呢，我们现在也知道了。照片也是个纪念，我们见了一面，以后还能想上一辈子。

男主人语重心长谈话的场面历历在目，让人终生难忘。"我们见了一面，以后还能想上一辈子"这是何等的情谊！"里头的东西多着呢"，这是何等的睿智！

在田野调查中，笔者没有发现完全不会说汉语的人。但是，问题不在这里。虽然口头交流功能是语言的本体功能，但是它的附属功能——群体认同、社会区隔和文化传承的功能也不容小视。人类学田野调查和文化理解的本质就在于要体悟和把握"文化持有者的内部眼界"——地方性的文化概念体系与文化解释体系。由于不能熟练使用西部裕固语，笔者确信自己很可能错过了理解这个社区的历史与现实的"关键词"。这促使笔者下了决心，在今后的学习和研究中，接受学科规训和民众教育，一定要把熟练使用田野调查地点的语言作为开展研究的前提条件。

四、对民族志研究中"价值无涉取向"的讨论

因作为一个学者和实践者对教育人类学做出的杰出贡献而膺获

乔治和路易斯·斯宾德勒奖的美国民族志学家费特曼针对民族志的"价值无涉的取向"问题谈道：

> 民族志中一些概念迫使研究者向新方向开掘，一些概念确保资料的有效性，另一些则只是防止玷污资料。价值无涉的取向在这三个方面对民族志学者都有所帮助。最重要的是，这一概念可防止民族志学者对他们的观察做出不恰当的和不必要的价值判断。
>
> 价值无涉的取向要求民族志学者延缓对任何给定的文化实践作个人评价。保持价值无涉的取向类似于看电影、歌剧或阅读书籍时保留自己的怀疑态度——唯有读者接受不合逻辑的或难以置信的情景，作者才能任意挥洒出极其迷人的故事。
>
> ……
>
> 关于这点，说穿了，只是要求民族志学者必须尝试在看待异文化时不要对不熟悉的习俗做价值判断，但又不能完全中立。我们都是自身文化的产物。我们有个人信仰、偏见及个人的品位。社会化已深植人心。然而，民族志学者对非常明显的偏见保持警惕，使它们外在化并且尝试公正地看待异文化习俗。种族主义行为——将一种文化的价值和标准强加于另一种文化，认定前者优越于后者——对民族志而言是致命的谬误[12]18-19。

这段论述简明扼要、鞭辟入里。在人类学民族志研究中，追求纯粹的价值无涉是一种偏见、迷思（myth）和夸父逐日式的虚幻目标和无效劳动。价值无涉的取向，正如费特曼所述，在民族志研究中是有特定价值的。任何一项人类学研究，甚或社会科学研究，都是一种特定的社会实践，不存在价值无涉的知识实践和学术研究。人类学家张海洋指出："研究人的学科至少受到三个特点的挑战：主客共变、互变和价值介入。"[13]44 广义上说，人类学是一门研究人及其文化的学科，人类学民族志研究更是受到上述三个特点的挑战。民族志研究最基本的工具是人，任何观察和分析都要经过人的价值观或其他观点的过滤，因此，主观性（subjectivity）对民族志研究的过程和结果的影响不可避免。美国著名教育人类学家佩什金也曾费时耗墨地讨论他作为一个犹太学者在研究原教旨主义的教会学校时的"主观性"问题，他的结论是，主观性"可以是有效力的，因为，它是研究者做出杰出贡献的基础，主观性来自于个人素质的独特的结构，它能进入资料之中"[14]。

英国人类学家卡普兰的论述是精到的："我意识到，作为一个民族学家，意味着研究自己也研究他人。在这种方式中，自我变成了'他者'，成为研究的对象，与此同时，他者，因为已经非常了解而变成了不同于田野调查之研究的东西，而是变成了自我的组成部分。"[15]116 这一点，笔者在自己的人类学家乡研究中感同身受。

人类学研究中，"主位"和"客位"的区分是相对的，都是一种"理想类型"（ideal types）的建构，对两者孤立和僵化的区分和建构没有任何价值或意义。因此，研究者对自身更加精准的定位是非常必要的。笔者的两项研究都采用文化唯物主义的主位与客位的研究方法。这种研究方法是 20 世纪 60 年代在美国人类学领域中兴起的、由文化唯物主义学派的代表人物哈里斯（1927—2001）提出并系统阐述的。[16] 主位研究就是站在文化负荷者的角度或立场上，用他们自身的观点去描述、解释、分析和判断他们自己的文化。客位研究就是用研究者所持的观点去描述、解释、分析和判断所调查到的文化。考虑到笔者本人是裕固族的成员和明花籍贯的人，对自己的民族和家乡都有着强烈的认同，但是笔者 15 岁初中毕业后的绝大部分时间在兰州、乌鲁木齐和北京学习、工作和生活，所以，研究中的"主位"和"客位"的划分是相对的，是在美国著名的多元文化教育专家班克斯的"跨文化研究者的类型学"（typology of cross-cultural researcher）的意义上使用的。文化负荷者是指"内部的局内人"（the indigenous-insider），研究者是指"内部的局外人"（the indigenous-outsider）。[17]173-190

　　本族人类学者或家乡人类学者常常被攻击为"'只缘身在此山中'而每每富于强烈的本民族文化中心意识"。这是不公正的指责，与其说这是本族人类学者还是家乡人类学者面临的问题，还不如说这是所有人类学者面临的问题。人类学者常常标榜其研究是为了追求和获得"他者的眼光"，这给社会公众造成了一种错觉或刻板印象——人类学就是研究和揭示那些"远方的文化之谜"，人类学者就得把自己的"帐篷"扎在充满奇风异俗的、远方的族群或社区内，日日浸淫其中，以便回来"客观公正"地报道"异文化"的历史与现实。"他者"与"自我"是在特定情景中的相对区分，"他者的眼光"是一种游移于文化间的眼光，是一种跨文化的眼光，而区分文化的"单位"不是单一的，而是多样的，这导致人类学者跨越的

"文化"是多种多样的，其身份是复合的。费孝通对"江村"的研究、林耀华对"黄村"的研究、杨懋春对"抬头村"的研究是汉族知识精英对汉族乡村生活的探索和认识，他们都有自己的族群认同、家乡情感和理论取向，他们的研究也展现了汉族乡村生活的不同面相。笔者的这两项研究是一个裕固族知识分子（假如笔者已经够格的话）对裕固族地区一个乡村社区"前世今生"的一种"描述""理解"和"叙事"。同时，这两项研究也是笔者作为一个民族志研究的新手，在文献资料和田野资料的基础上，描述、分析和解释家乡的历史与现实，表达自己的关怀、经验与信念的一种尝试。

设想笔者在研究设计、田野调查和文本撰述阶段像一台没有感情的机器一样工作是毫无道理的。事实上，当笔者的报道人因为子女教育失败而黯然神伤、孤苦无助时，当笔者的报道人讲述为了子女教育成功而做出常人难以想象的牺牲时，当笔者的报道人用饱经沧桑、年迈嘶哑的嗓音唱起民歌——《歌唱我可爱的家乡》时，笔者不可能像冰冷的机器一样无动于衷，这些"故事"和"事件"不可能不对笔者的观察、思考和写作产生影响，尽管专业意识在不断提醒笔者不能陷入"家乡中心主义"和"族群中心主义"的雷区或陷阱之中。质性研究方法领域炙手可热的专家古巴和林肯也曾写道，"到今天为止，优秀的人类学和社会学研究的特点之一就是向研究所涉及的主要角色、当事人和报道人展示良好的移情"[18]40，特别值得一提的是，他们也曾进一步指出，"研究者能够与被调查者交流的热情和移情程度往往昭示着他们作为一个资料收集者的优秀程度"[18]140。

笔者是怀着深切的热情从事自己的学习和研究的，因为笔者也像德国社会学家韦伯（1864—1920）一样持有"无论什么事情，如果不能怀着热情去做，那么对于人来说，都是不值得去做的事情"[19]24的观点。十多年来，笔者常常清晰地感受到一种责任的召唤和担当。正像将"从实求知，志在富民"作为人生抱负的人类学家费孝通先生总是将中国社会学、人类学的学科建设、人才培养，推动这两门学科对社会世界和人文世界的探索作为自己的责任一样，笔者认为自己有责任去探究像裕固族这样的人口较少民族的社会文化和生存之道，有责任去描述和解释像笔者的家乡明花这样的边缘而脆弱的社区在社会现代化进程中的"历史命运"，让尽可能多的挫折和牺牲不至于成为"过眼烟云"，不至于白费。笔者将学者冯克利在阐述韦伯的"学术与人生"时写的一段铿锵有力、掷地有声的话作为自己在人类学家乡研究中不断进取的理由："我们若想献身于学术，就必须勇于直面'令人不快的事实'，任何伦理的虚饰，不但是对现实的歪曲，而且意味着逃避对行为后果的责任。"[19]8

五、结语

"家乡研究"，作为中国人类学的一个特色领域，无疑应该延续下去。换句话说，学术界不能将包括"家乡研究"在内的人类学民族志研究的认识和理解刻板化、公式化，我们现在不是讨论要不要"家乡研究"的问题，而是讨论怎样做才能使"家乡研究"更加精彩、富有创意和充满洞见。

　　笔者的教育民族志研究是从家乡研究开始的，但是笔者并不认为有志于学习教育民族志研究的新手都得从家乡研究开始。以名著《校长办公室的那个人：一种民族志》[20]进入人类学的子学科——教育人类学并成为"学科英雄谱系"民族志研究专家的沃尔科特（1929—2012）曾经指出，由于教育民族志研究者通常都是重视教育且学业成就很好的人，"他们不容易发现对教育持不同观念和具有不同教育经历的个体所体验的学校文化隐含的意义"，所以他"建议学民族志方法的学生深入到一个遥远的社会或完全不同的狭域文化（microculture）中做第一个实地研究工作，然后再开始研究自己熟悉的学校和教室文化"[21]340。

　　从人类学前辈那里和中国人类学史中，我们可以得到的启示是"金无足赤，人无完人"。对于民族志研究的新手来说，无论他（她）的田野民族志研究的第一步是从"异域"还是"本土"，抑或"家乡"开始，要想取得成功，接受严格专门的学术训练、秉持谦虚好学的学习态度、磨炼持之以恒的探索精神和培育开放豁达的人生心态才是最根本的。

参考文献：

[1] 林耀华.金翼：中国家族制度的社会学研究 [M].庄孔韶，林宗成，译.北京：生活·读书·新知三联书店，2008.

[2] 庄孔韶.汇聚学术情缘：林耀华先生纪念文集 [C].北京：民族出版社，2005.

[3] 费孝通.江村经济：中国农民的生活 [M].戴可景，译.北京：商务印书馆，2001.

[4] 杨懋春.一个中国村庄：山东台头 [M].张雄，沈炜，秦美珠，译.南京：江

苏人民出版社，2001.

[5] 巴战龙. 社区发展与裕固族学校教育的文化选择——人口较少民族乡村学校教育的民族志研究 [D]. 北京：中央民族大学，2005.

[6] 巴战龙. 人类学视野中的学校教育与地方知识——中国西北一个乡村社区的现代性百年历程（1907—2007）[D]. 北京：中央民族大学，2008.

[7] 林耀华. 从书斋到田野 [M]. 北京：中央民族大学出版社，2000.

[8] 张冠生. 乡土足音——费孝通足迹·笔迹·心迹 [M]. 北京：群言出版社，1996.

[9] 费孝通. 跨文化的"席明纳"：人文价值再思考之二 [J]. 读书，1997（10）.

[10] 纳日碧力戈，等. 人类学理论的新格局 [M]. 北京：社会科学文献出版社，2001.

[11] 巴战龙. 西部裕固语的使用与教学述略 [J]. 甘肃民族研究，1998（1）.

[12] 费特曼. 民族志：步步深入 [M]. 龚建华，译. 重庆：重庆大学出版社，2007.

[13] 张海洋. 文化理论轨迹 [M] // 庄孔韶. 人类学通论. 太原：山西教育出版社，2002.

[14] Peshkin，A.In Search of Subjectivity：One's Own[J].Educational Research，1988（7）.

[15] 鲍伊. 宗教人类学导论 [M]. 金泽，何其敏，译. 北京：中国人民大学出版社，2004.

[16] Harris，M.Cultural Materialism：The Struggle for a Science of Culture[M].New York：Random House，1979.

[17] Banks，J.A.Cultural Diversity and Education：Foundations，Curriculum，and Teaching[M].Boston：Allyn & Bacon，2001.

[18] Guba，E.G.，Lincoln，Y.S. Effective Evaluation[M]. San Francisco：Jossey-Bass，1981.

[19] 韦伯.学术与政治：韦伯的两篇演说 [M].冯克利，译.北京：生活·读书·新知三联书店，1998.

[20] 沃卡特（沃尔科特）.校长办公室里的那个人：一种民族志 [M].白亦方，主译.台北：师大书苑有限公司，2001.

[21] 高尔，等.教育研究方法：实用指南 [M].屈书杰，等，译.北京：北京大学出版社，2007.

附　　录

关于设立裕固学荣誉制度的建议*

　　2014 年，根据"裕固族研究"已经走过的发展历程和已经取得的学术成就，以及现实存在的诸多问题和需要应对的挑战，笔者提出应将"裕固族研究"提升到"裕固学"这一新的学术境界。2014年以来，"裕固学"的学科建设在裕固族研究学会的指导和扶持下，在专家学者和广大文化工作者和爱好者的鼎力支持下，呈现出突飞猛进的态势，取得了令人欣喜的成果：一是先后由北京师范大学、中央民族大学、河西学院和敦煌研究院主办了四届裕固学研讨会，交流了学术成果、凝聚了研究队伍；二是先后创办了《裕固学研究通讯》《裕固族教育研究通讯》等内部刊物，后随着新媒体的发展，先后创办了"裕固学""裕固族教育研究"的微信群和公众号，发

<hr>

　　*　这份学术政策建议曾于 2017 年 9 月 22 日提交政协肃南裕固族自治县委员会主席、裕固族研究学会会长安玉冰等相关领导同志，政协肃南裕固族自治县委员会于 2017 年 9 月 30 日出具了采纳证明，特此说明。

布了一些研究成果和学术信息，在专家学者与文化工作一线人员之间架起了桥梁、构筑了平台；三是"裕固学文献资料中心"建设进展迅速，钟进文、杨富学、滕星等著名学者先后捐赠了个人学术作品，目前所藏资料已达 2000 余册，为专家学者和本地文化工作者在田野研究和日常工作中查阅资料提供了便利，同时也为社会各界人士了解裕固族相关学术成果和裕固族传统文化收集整理状况提供了便利；四是裕固族教育研究、裕固族历史研究和裕固族非物质文化遗产研究等多个主题研究领域取得了前所未有的丰富成果，先后出版和发表了一批质量较高的学术成果，学术水平进一步提高；五是钟进文、杨富学、安玉冰、安维武等专家学者，以及笔者本人先后撰写了专题讨论学科建设的学术文章，提出了一系列裕固学学科建设的目标、原则和策略、方法，并为其制度构建与重点工作出谋划策、提供知识基础和实践建议；六是裕固学研究为裕固族聚居区经济社会和文化教育发展提供智力支持作用渐趋增大，满足广大民众生活改善和文化消费需求的能力不断提升。

　　笔者认为，第一，构建裕固学的根本动因在于通过构建学术能力让裕固族重新执掌其文化传承、创新和整合的自主性；第二，裕固学的研究对象和基本定位可以概括为"裕固族在中国，裕固学在世界"；第三，裕固学应成为裕固族文化的第一品牌，从而为裕固族文化的永续发展提供不竭动力。

　　学科建设是一项综合性的社会文化工程，通常需要数代专家学者辛勤工作、不懈奋斗，学科才能茁壮成长、渐入佳境。裕固学的学科建设不可能一蹴而就，一如它的前身——"裕固族研究"的学术史所印证的那样。学科发展既要目标明确、矢志不移，也要驰而不息、久久为功，但是只有逻辑上的"理性愿景"是远远不够的，还需要从现实情境中制度建设抓起。

纵观世界学术制度建设，在科学研究、教育教学和文化交流等环节设立各种类别、不同层次的荣誉制度，已经成为非常普遍的做法。2007 年，党的十七大报告就已提出在文化建设方面的重要举措——设立国家荣誉制度，以表彰有杰出贡献的文化工作者。2012年，党的十八大报告又提出："建立国家荣誉制度，形成激发人才创造活力，具有国际竞争力的人才制度优势。"2017 年 5 月，中共中央印发了《关于加快构建中国特色哲学社会科学的意见》，指出要建立激发科研活力的体制机制，加强学术共同体建设，推动形成崇尚精品、严谨治学、注重诚信、讲求责任的优良学风，营造风清气正、互学互鉴、积极向上的学术生态。鉴于此，为裕固学长远发展计，设立裕固学荣誉制度当是目前学科建设工作的重中之重。

裕固族研究学会是目前唯一与裕固学直接相关的专业学术组织，设立裕固学荣誉制度的工作应由裕固族研究学会发起，今后相关工作的组织和开展也应由裕固族研究学会承担。为了顺利开展设立裕固学荣誉制度工作，笔者提出如下建议，供裕固族研究学会参考。

第一，成立裕固族研究学会学术委员会。学术委员会由裕固族研究学会会长、秘书长和资深专家学者，共 7 ~ 9 名学术委员组成；可采用双主任制，即由裕固族研究学会会长和一位资深专家学者共同担任。该委员会负责制定裕固学学科发展规划和荣誉制度章程，提请裕固族研究学会代表大会或常务会议审议通过。

第二，具体的学术荣誉可分为两种：一种是"裕固学终身成就奖"和"裕固学杰出贡献奖"，每 3 ~ 5 年评发一次，每种奖每次只颁发给一人，其中"裕固学终身成就奖"授予为裕固学研究做出重大贡献的专家学者，"裕固学杰出贡献奖"授予为裕固族研究学会发展和裕固学学科建设做出杰出贡献的专家学者和学会会员；一种是"裕固学年度最佳著作奖"和"裕固学年度最佳论文奖"，每年评发一次，每种奖只颁发给一部著作和一篇论文的作者。著作和论文均应是 2015 年 1 月 1 日以来公开出版和发表的学术作品。

第三，学术荣誉均只颁发给截至获奖名单公示时在世的专家学者和学会会员，不给已去世的专家学者和学会会员追授。

第四，学术荣誉评审采用裕固族研究学会会员提名制，不采用个人和集体申报制。每年度的学术荣誉评审工作应在每年的 5 月 31 日前完成，在每年的裕固学研讨会上由裕固族研究学会负责人颁发。

第五，学术荣誉的奖品和奖金由裕固族研究学会学术委员会制定的裕固学荣誉制度章程规定，其他未尽事宜均由该章程规定，解释权归学术委员会所有。

第六，学术荣誉评审应遵循宁缺毋滥的原则，结果应公开公示，接受社会各界的监督。

第七，由裕固族研究学会组织在裕固族聚居区内外的相关宣传报道工作，提升裕固学的知名度和美誉度。

裕固学虽是一门新兴的学科，但对裕固族聚居区的全面、健康和可持续发展有着重要和深远的意义。设立荣誉制度，促进学科发展，是裕固族研究学会和肃南裕固族自治县的神圣责任和应尽义务。目前，裕固学已经引起国内外人文社会科学界的积极关注，如能及时构建良好的学科发展机制，充分调动专家学者和学会会员的工作积极性，其前途不可限量。

后　记

1999 年，我从北京师范大学教育系本科毕业后赴新疆师范大学工作。也许是为了激励自己努力奋斗之志，也许是为了抚慰自己学业中断之痛，我在离京前对我的朋友郑重许诺，此生要为生我养我的家乡写三本书。截至目前，我的研究大多都可归为"家乡人类学"的范畴。第一本书是 2010 年由民族出版社出版的《学校教育·地方知识·现代性：一项家乡人类学研究》，第二本书是 2017 由甘肃文化出版社出版的《教育人类学视野中的裕固族教育研究》，第三本就是现在摆在您眼前的这本书。这三本书的出版，既可算作是兑现了一则青春年少的诺言，了却了一桩无日或忘的心事，也可算作是对过去 22 年学术之路的三次清点、总结和纪念。

在过去 22 年的研究历程中，我和我的老师、朋辈和学生一起创造了三个学术标签——裕固族教育研究、裕固学和新教育人类学，这本书主要关注裕固学。作为曾经在内陆亚洲缔造过草原帝国，而且还曾帮助乃蛮、蒙古族等族群取得过辉煌成就的回鹘的文化后裔，裕固人理应在学术和创新方面做出为世人瞩目的贡献。我从不认为裕固人应该从生计、语言和宗教等传统视角去定义自己的民族性，而是认为裕固人应该从教育、知识和创新等崭新视角去定义自己的民族性。为了理想与现实中的民族性的转换，发展裕固学是必要之举，因为裕固学将成为一面文化之境，从中我们可以看出所谓传统与现代的流动性，透析出长时段形成的地区政治经济格局、社会政治生态和民族文化心理的机制、积弊和机遇。抑或说，只有发展出高度繁荣和一流水准的裕固学，我们才可能真正做到高瞻远瞩、鉴往知来。

感谢我的两位启蒙导师钟进文教授、铁穆尔先生和授业导师滕星教授，尤其感谢钟进文教授百忙中拨冗赐序，为这本书增加了相当的分量。正文收录的 13 篇文章，先后发表在《教育学报》《西北民族研究》《民族文学研究》《暨南学报》《中央民族大学学报》《北方民族大学学报》《青海民族大学学报》《河西学院学报》和《甘肃民族研究》，在此向这些刊物和编辑深表谢意，同时向所有参考文献的著编译校者深表谢意。这些文章在发表时常因版面等各种原因有所删改，此处收录的本来均为原文，但为了全书统一起见，对个别表述做了修改，同时也由于种种原因不得已对部分内容作了删改。还需要特别说明的是，本书的出版得到了甘肃省肃南裕固族自治县裕固族教育研究所的资助，在此亦深表谢意。

谨将本书献给我的家乡人民，并向他（她）们为了追求共同体的美好生活而辛勤劳作、不懈努力致以深深敬意！

巴战龙（乌鲁·萨格斯）

二〇一八年四月九日

于北京市朝阳区育慧里小屋